Second Edition

LE FRANÇAIS: Commençons

Josée Pilot-Debienne Okin/Conrad J. Schmitt

Webster Division, McGraw-Hill Book Company
New York, St. Louis, San Francisco, Düsseldorf, Johannesburg,
Kuala Lumpur, London, Mexico, Montreal, New Delhi, Panama,
Paris, São Paulo, Singapore, Sydney, Tokyo, Toronto

Acknowledgments

The authors wish to express their appreciation to the many foreign language teachers throughout the United States who have shared their thoughts and experiences with us. With the aid of the information supplied by these educators, we have attempted to produce a text that is interesting, appealing, and useful to a wide variety of students from all geographic areas. Without the cooperation of these teachers, such an endeavor would have been impossible.

Library of Congress Cataloging in Publication Data

Okin, Josée Pilot-Debienne.
  Le Français: Commençons.

  1. French language—Grammar—1950–
I. Schmitt, Conrad J., joint author. II. Title.
PC2112.O4 1975   448'.2'421   74-18343
ISBN 0-07-047731-0

À Pierre

LE FRANÇAIS: COMMENÇONS Second Edition

Editorial Development, Mary E. Coffman; Editing and Styling, Suzanne Parillo; Design Supervisor, Peter Bender; Production, Barbara Levreault; Illustrations: Monroe Eisenberg

Preface

LE FRANÇAIS: COMMENÇONS and LE FRANÇAIS: CONTINUONS form a fully articulated audio-lingual-visual system of language learning materials of which the student text is the indispensable core. The accompanying annotated teacher's edition, tape program, workbook, visual components, and tests constitute a complete introductory course which is enjoyable to the student, stimulating to the teacher, and flexible enough to allow for a wide variety of activities and applications in the early secondary curriculum.

In the new edition of LE FRANÇAIS: COMMENÇONS the authors have attempted to maintain those qualities which teachers found so successful in the first edition. Most stories and dialogues have been rewritten to place more emphasis on contemporary life styles and to meet the changing interests of today's student. Additional vocabulary practice has been given in each lesson. In order to add variety, *Jeux de mots* have been included after every four lessons. All art work has been redone and all photographs have been replaced in order to present an authentic view of the French-speaking world of today.

Since the principal goal of foreign language study is still to learn to communicate one's thoughts, needs, wants, and reactions in another language, LE FRANÇAIS: COMMENÇONS and LE FRANÇAIS: CONTINUONS are designed to ensure rapid acquisition of the listening, speaking, reading, and writing skills necessary for meaningful communication in both spoken and written French. They present the student with a highly structured, logical sequence of opportunities to learn, to practice, and to use French in a stimulating and enjoyable context. The program invites and allows the teacher to participate to the maximum degree and to adapt the content and format to the needs of the varied classroom situations that will be encountered.

Since LE FRANÇAIS: COMMENÇONS and LE FRANÇAIS: CONTINUONS take into consideration the two basic modes of communication—spoken and written language—the early units of study are based on both dialogue and reading-narrative. Once the listening-speaking progression is established, the student learns to read and to write what he has first learned to understand and to say. This reinforcement of the listening and speaking skills leads to the introduction of reading-narrative units in which the narrative serves as a springboard for discussion.

LE FRANÇAIS: COMMENÇONS is organized according to the following plan:

VOCABULAIRE The new vocabulary is presented through illustrations in Lessons 1 through 11. In Lessons 12 through 16 there are, in addition to the illustrations, short definitions in the target language and cognates. This introduction of vocabulary aids the student to comprehend the meaning of each individual word without the use of English. The questions that follow the vocabulary section compel the student to use the new words introduced, so that they will become an active part of his vocabulary.

STRUCTURE   The structural point of each lesson is presented through pattern drills. A varied series of oral exercises with realistic stimuli provides ample practice in each specific point. A grammatical generalization is given in English.

CONVERSATION   The short dialogue, or conversation, contains previously learned vocabulary and structure. The dialogues are designed to be learned with a minimum of effort on the part of the student and teacher. *Personalized language, not memorization of dialogues, is the goal of this series.* The dialogues are based on familiar situations so that the student can immediately verbalize about the particular situation. Structures which the student cannot handle are avoided so that he is not hampered in his endeavor to personalize and speak the language on his own. A series of questions follows each dialogue. These questions check comprehension and permit the student to use the vocabulary and structures of the dialogue in a slightly different context.

SONS ET SYMBOLES   This section isolates pronunciation problems and teaches "word attack" skills. The graphic symbol for each sound of the French language is presented.

LECTURE   Each lesson contains a reading-narrative. These stories take place in a French-speaking country. The object of the narrative is to expand the situation presented in the dialogue. The narratives provide the student with an opportunity to compare and contrast cultures and to learn about the history, geography, art and customs of the French-speaking world. New words or expressions are noted alongside the reading. A questionnaire follows each narrative, encouraging the students to discuss the material they have read. Beginning with Lesson 12, the dialogue is discontinued; the narrative is divided into two parts after Lesson 13.

EXERCICES ÉCRITS   These exercises are specifically designed for making the transfer from the spoken to the written forms of the language. Special attention is given to the vocabulary and structures presented within the lesson. Ample opportunity is provided for guided composition.

RÉSUMÉ ORAL   Each lesson ends with a full-page illustration. The illustration serves as a cue for the student to combine the information and structures of the lesson.

A French-English vocabulary, charts presenting verbs, cardinal numbers and time, and a grammatical index are included at the end of the book.

To the Student

Learning a new language does not have to be difficult. This, however, will depend on you. There are several prerequisites to learning a foreign language. First, you must pay attention every day. You must be willing to do each assignment that is asked of you. Learning a foreign language is a cumulative process. Without the background from Lesson 2 you cannot learn Lesson 3, because each lesson depends on the preceding one. In other words, you must work consistently to be successful in learning a new language.

You will encounter some new sounds, different from those heard in English. Repeat diligently after the teacher and imitate the new sound as precisely as you can.

You will find your foreign language class quite different from many of your other classes. You will have to speak a great deal. One of the prime objectives in studying a foreign language is to learn to converse in it. On many occasions your teacher will ask you to repeat. This is necessary. Learning a foreign language is like learning to play a musical instrument. To play an instrument you must practice. To speak a foreign language you must practice the language. Many linguistic patterns must become automatic to you, so that you can use them with relative ease. When you speak there is not time to think about every word you are going to say. Words must come in a natural flow. To attain such facility, some repetition will be necessary.

In this text you will be asked to learn dialogues to assist in acquisition of proper speaking skills. Each dialogue presents a familiar situation. The purpose of the dialogue is to help you to communicate accurately in French as soon as possible. Before learning the dialogue, you will already be familiar with all of the vocabulary. You should therefore have very few problems in understanding the dialogue.

As you repeat and speak this new language, imitate the expression used by your teacher. French is a melodious, lively language. It is the language of the artist of Montmartre, the student of a Provençal village, the sailor of Marseille, the poet of Paris, the merchant in the Casbah, the hockey player in Montreal. Learn to speak it as they speak it. As you act out the dialogues, put spirit into them.

Every language behaves in a particular way and has special characteristics that make it different from every other language. There are many similarities between French and English, but there are enough differences to make it helpful from time to time to attempt to determine the special organization of French and to examine its structure. When a specific characteristic has been identified, you will be better equipped to apply your skills later in a similar situation which you may not have studied. For this reason certain structural or grammatical patterns and characteristics are identified in this text and are the subject of special drill material and a descriptive statement.

After you have begun to learn to communicate orally in French, you will learn to read and write. You learned to understand and to speak English long before you learned to write it. You will remember that at first you learned to read and to write only those words that you already knew. The same pattern is followed in this text.

Once you have learned to read and write well what you already understand and speak, you will begin to read new words and sentences you have never seen before. At this point you will have begun true reading. In each unit you will find a short reading exercise that will help you to increase your vocabulary and which will give you interesting information about the French-speaking world.

Learning a foreign language can be a rich and rewarding experience. After several years of study you will feel at home with this new language. You will feel at home with a new people and their way of life. Your life will be greatly enriched as a result. Remember, too, that to know a foreign language is a great asset in any career you may choose.

About the Authors

Josée Pilot-Debienne Okin is a teacher of FLES (French and Spanish) in Oradell, New Jersey. She is also Consultant for the coordinated language program of River Dell Junior High School. Born in Arcachon in the Gironde region of France, she lived most of her life in the area around Paris and received her *baccalaureat* from the Université de Paris. Mrs. Okin holds a B.A. degree from Montclair State College, Upper Montclair, New Jersey, and an M.A. degree in French literature from New York University, New York. She worked for several years with the Translation Section of the United Nations and has traveled extensively throughout the world. In addition to LE FRANÇAIS: COMMENÇONS and LE FRANÇAIS: CONTINUONS, she is the principal author of the LET'S SPEAK FRENCH series published by McGraw-Hill. She makes regular visits to France.

Conrad J. Schmitt is Senior Editor of the Foreign Language Department for McGraw-Hill Book Company. Previously he was Coordinator of Foreign Languages for the Hackensack, New Jersey, Public Schools. Mr. Schmitt has taught Spanish and French at the elementary, junior and senior high school levels. In addition, he has taught methods courses at the Graduate School of Education, Rutgers University, New Brunswick, New Jersey, and Montclair State College, Upper Montclair, New Jersey. In addition to being co-author of LE FRANÇAIS: COMMENÇONS and LE FRANÇAIS: CONTINUONS, Mr. Schmitt is author of ESPAÑOL: COMENCEMOS, ESPAÑOL: SIGAMOS, the LET'S SPEAK SPANISH series, and the SCHAUM OUTLINE OF SPANISH GRAMMAR. He is coauthor of ESPAÑOL: A DESCUBRIRLO, ESPAÑOL: A SENTIRLO, LA FUENTE HISPANA, and LET'S SPEAK FRENCH. He is a consulting author of SPANISH LANGUAGE, HISPANIC CULTURE, published by McGraw-Hill. A graduate of Montclair State College and Middlebury, Mr. Schmitt has traveled extensively through Spain, France, North Africa, the Caribbean, Mexico, and Central and South America.

Table des matières

Première
Leçon

Vocabulaire

1. C'est une fille.
   C'est Marie.
   Marie est blonde.
   Elle est petite.
   La fille est française.
   Elle est intelligente.

2. C'est un garçon.
   C'est Richard.
   Richard est brun.
   Il est grand.
   Le garçon est américain.
   Il est intéressant.

EXERCICES DE VOCABULAIRE

A. Answer the following questions.

1. C'est une fille?
2. C'est Marie?
3. Qui est-ce?
4. Marie est une fille?
5. La fille est blonde?
6. La fille est petite?
7. Comment est la fille?
8. La fille est française?
9. Elle est intelligente?
10. C'est un garçon?
11. C'est Richard?
12. Qui est-ce?
13. Richard est un garçon?
14. Qui est un garçon?
15. Le garçon est brun?
16. Comment est le garçon?
17. Le garçon est grand?
18. Le garçon est américain?
19. Qui est américain?
20. Le garçon est intéressant?
21. Comment est le garçon?

B. Form a question according to the model.

Pierre est petit.
Qui est petit?

Pierre est *petit*.
Comment est Pierre?

1. *Pierre* est intelligent.
2. Marc est *grand.*
3. *David* est français.
4. Georges est *blond.*
5. *Richard* est intéressant.

C. Guess whether a boy or a girl is being described. If the sentence is about a boy, answer: *C'est un garçon.* If the sentence is about a girl, answer: *C'est une fille.*

1. C'est Robert.
2. Il est blond.
3. Elle est américaine.
4. Suzanne est française.
5. Il est grand.
6. Elle est intelligente.
7. Elle est intéressante.
8. Il est intéressant.
9. Il est intelligent.
10. Elle est blonde.

Une fille française
Alain Keler from EPA

Structure

Accord des adjectifs au singulier

A. Répétez.

La fille est grande.
Le garçon est grand.
Suzanne est française.
David est français.
Carole est blonde.
Marc est blond.

B. Répondez.

La fille est grande?
Le garçon est grand?
Suzanne est française?
David est français?
Carole est blonde?
Marc est blond?
La fille est intéressante?
Le garçon est intéressant?
La fille est intelligente?
Le garçon est intelligent?
La fille est petite?
Le garçon est petit?

Un garçon français

Alain Keler from EPA

NOTE GRAMMATICALE

An adjective must agree with the noun it modifies. Many feminine adjectives end with a consonant sound. Note that the letter *-e* follows the consonant to indicate that it is pronounced. The final consonant of many masculine adjectives is silent and not followed by an *-e*.

La fille est petite.
Le garçon est petit.

Colette est grande.
Roger est grand.

La fille est française.
Le garçon est français.

3

Accord des adjectifs terminés par un *n* au masculin

A. Répétez.

La fille est américaine.
Le garçon est américain.
Suzanne est brune.
Robert est brun.

B. Répondez.

La fille est américaine?
Le garçon est américain?
Catherine est mexicaine?
Philippe est mexicain?
Suzanne est brune?
Robert est brun?

NOTE GRAMMATICALE

Many adjectives ending with an *n* in the masculine add *e* to form the feminine. The final consonant *n* is not pronounced in the masculine form of the adjective. The vowel sound preceding the *n* is nasal. The final *n* is pronounced in the feminine.

Francine est américaine.
Joseph est américain.

Le verbe *être* au singulier

Troisième personne—il, elle

A. Répétez.

Marie est une fille.
Elle est américaine.
Stéphane est un garçon.
Il est français.

Le garçon est brun.
Berne Greene from EPA

B. Répondez.

Marie est une fille?
Elle est américaine?
Stéphane est un garçon?
Il est français?
Le garçon est grand?
Il est brun?
La fille est petite?
Elle est blonde?

C. Répondez avec *il* ou *elle*.

Le garçon est petit?
David est intelligent?
La fille est intéressante?
Suzanne est brune?
Simone est petite?
Arthur est français?

Première personne—je

A. Répétez.

Je suis un garçon.
Je suis américain.
Je suis une fille.
Je suis française.

B. Répondez.

Tu es un garçon?
Tu es américain ou tu es mexicain?
Tu es brun ou tu es blond?
Tu es une fille?
Tu es américaine ou tu es française?
Tu es brune ou tu es blonde?

Deuxième personne—tu

A. Répétez.

Tu es une fille.
Tu es américaine.
Tu es un garçon.
Tu es américain.

B. Demandez.

Demandez à un garçon s'il est américain.
Demandez à une fille si elle est américaine.
Demandez à un garçon s'il est brun.
Demandez à une fille si elle est blonde.

NOTE GRAMMATICALE

In the singular, the personal pronouns are: *je, tu, il, elle. Il* is masculine, and *elle* is feminine.

The singular forms of the verb *être* are:

je suis
tu es
il est
elle est

Je suis un garçon.
Tu es une fille.
Il est américain.
Elle est américaine.

5

Conversation
C'est David

CATHERINE:	Qui est-ce?
MARTINE:	C'est David.
CATHERINE:	Ah, il est intéressant!
MARTINE:	Oh, oui.
CATHERINE:	Il est français?
MARTINE:	Non. Il est américain.

QUESTIONS

1. David est un garçon?
2. David est intéressant?
3. Le garçon est français ou américain?
4. Qui est un garçon?

Conversation
C'est Diane

MARC: Qui est-ce?

CHARLES: C'est Diane.

MARC: Ah, elle est intéressante!

CHARLES: Oh, oui.

MARC: Elle est française?

CHARLES: Non. Elle est américaine.

QUESTIONS

1. Diane est une fille?
2. Diane est intéressante?
3. La fille est française ou américaine?
4. Qui est une fille?

Lecture
Aline et Philippe

aussi *also*
avec *with*
une amie (f.) *a friend*

Aline est une fille. Elle est petite. Elle est blonde. Elle est intelligente aussi. Aline est française. Elle est avec Christine. Christine est une amie.

Philippe est un garçon. Il est grand. Il est brun. Il est intelligent aussi. Philippe est américain. Il est avec Nicolas. Nicolas est un ami.

QUESTIONS

1. Aline est une fille?
2. Elle est grande ou petite?
3. Elle est blonde ou brune?
4. Elle est intelligente?
5. Aline est française ou américaine?
6. Qui est avec Christine?
7. Qui est Christine?

8. Philippe est un garçon?
9. Il est petit ou grand?
10. Il est blond ou brun?
11. Philippe est français ou américain?
12. Qui est avec Nicolas?
13. Qui est Nicolas?

EXERCICES ÉCRITS

A. Complete the following sentences with an appropriate word.

1. David est un _____.
2. Marie est une _____.
3. Marie est grande? Non, elle est _____.
4. Le garçon est blond? Non, il est _____.
5. _____ est avec Robert?
6. Qui _____–ce?

B. Complete the following with the appropriate question word.

1. Paul est petit.
   _____ est petit?
2. Marie est intelligente.
   _____ est Marie?
3. La fille est blonde.
   _____ est la fille?
4. David est intéressant.
   _____ est David?

C. Add the correct ending (e) to the adjectives when necessary.

1. La fille est grand_____.
2. Il est anglais_____.
3. Richard est intéressant_____.
4. Le garçon est blond_____.
5. Elle est blond_____.
6. Suzanne est intelligent_____.
7. Il est petit_____.
8. Elle est français_____.

La fille est brune.

Editorial Photocolor Archives (EPA)

D. Add the correct ending (e) to the adjectives when necessary.

1. Pierre est américain_____.
2. Alice est brun_____.
3. La fille est américain_____.
4. Richard est brun_____.

E. Complete the following sentences with the appropriate forms of the verb *être*.

1. Je _____ avec un ami.
2. Elle _____ blonde.
3. Sylvie _____ petite.
4. Tu _____ intelligent.
5. Le garçon _____ brun.
6. Je _____ américain.
7. Il _____ français.
8. Tu _____ grande.

F. Complete the following sentences with the appropriate pronoun.

1. Jeannette est une fille. _____ est petite.
2. Jacques est un garçon. _____ est avec un ami.
3. _____ suis blonde.
4. Le garçon est intéressant. _____ est américain.
5. _____ es français.
6. Élisabeth, _____ es intéressante.

G. Rewrite the following paragraph changing *Carole* to *David*.

Carole est une fille. Elle est blonde. Elle est grande. Elle est intelligente. Elle est française.

Deuxième
Leçon

Vocabulaire

1. Voilà la famille.
   La famille est dans la maison.

2. La mère est dans la cuisine.
   Elle travaille maintenant.
   Elle prépare le dîner.

4. Le frère est dans la chambre.
   Il travaille.
   La sœur est dans la chambre aussi.
   Elle ne travaille pas.
   Elle parle au téléphone.
   Elle parle anglais.
   Elle parle beaucoup.

3. Le père est dans le salon.
   Il regarde la télévision.

EXERCICES DE VOCABULAIRE

A. Answer the following questions.

1. Où est la famille?
2. Où est la mère?
3. La mère travaille maintenant?
4. Où travaille la mère?
5. Qui prépare le dîner?
6. Qu'est-ce que la mère prépare?
7. Où est le père?
8. Qui regarde la télévision?
9. Qu'est-ce que le père regarde?
10. Où est le frère?
11. Le frère travaille?
12. Où est la sœur?
13. La sœur travaille?
14. Elle parle au téléphone?
15. La sœur parle anglais?
16. Elle parle beaucoup?

B. Form a question according to the model.

> *La famille* est dans la maison.
> Qui est dans la maison?

1. La famille est *dans la maison.*
2. *Le frère* est dans la chambre.
3. La mère prépare *le dîner.*
4. Elle parle *anglais.*
5. La sœur est *dans la chambre.*

Une famille française

Alain Keler from EPA

14

Structure

Les verbes en –er au singulier

Troisième personne—il, elle

A. Répétez.

Le père travaille.
Le frère parle.
La mère prépare le dîner.
Pierre regarde la télévision.

B. Répondez.

Le père travaille?
Il travaille?
La mère travaille?
Elle travaille?
Le frère parle?
Il parle beaucoup?
Il parle anglais?
Il parle français?
Est-ce que la mère prépare un sandwich?
Est-ce qu'elle prépare le dîner?
Qu'est-ce qu'elle prépare?
Est-ce que Marie regarde la télévision?
Est-ce qu'elle regarde la télévision?
Est-ce qu'elle regarde la mère?

Première personne—je

A. Répétez.

Je travaille beaucoup.
Je regarde la télévision.
Je parle français.

B. Répondez.

Tu travailles?
Tu travailles maintenant?
Tu travailles dans la chambre?
Tu regardes?
Tu regardes la télévision?
Qu'est-ce que tu regardes?
Tu regardes le père?
Qui est-ce que tu regardes?
Est-ce que tu parles?
Est-ce que tu parles français?
Est-ce que tu parles anglais aussi?
Est-ce que tu parles beaucoup?
Est-ce que tu prépares le dîner?
Qu'est-ce que tu prépares?

La fille parle au téléphone.
Alain Keler from EPA

15

A. Répétez.

Tu travailles?
Tu parles anglais?
Tu regardes le dîner?

B. Demandez.

Demandez à un ami s'il travaille.
Demandez à une amie si elle travaille
    beaucoup.
Demandez à une amie si elle parle.
Demandez à un ami s'il parle anglais.
Demandez à une amie si elle parle français.
Demandez à un ami s'il regarde le dîner.
Demandez à une amie si elle regarde la
    télévision.
Demandez à un ami s'il prépare le dîner.
Demandez à une fille si elle regarde le
    professeur.
Demandez à un garçon s'il regarde une amie.

NOTE GRAMMATICALE

Many verbs or action words in French belong to a group or conjugation. The first conjugation verbs are referred to as the -*er* verbs because the infinitive ends in -*er*. Note that French verbs change endings according to the subject.

Although there is no difference in sound in the singular forms of the verb, the spelling varies according to the person. Note the spelling and the silent endings.

travailler	parler	regarder
je travaille	je parle	je regarde
tu travailles	tu parles	tu regardes
il travaille	il parle	il regarde
elle travaille	elle parle	elle regarde

Impératif au singulier

A. Répétez.

Regarde!
Regarde un ami!
Travaille!
Travaille maintenant!

B. Commandez d'après le modèle.

> Je regarde.
> Bon. Regarde!

Je regarde.
Je regarde le frère.
Je regarde un garçon.
Je regarde une amie.
Je travaille.
Je travaille dans la chambre.
Je parle.
Je parle français.
Je prépare le dîner.
Je prépare un sandwich.

NOTE GRAMMATICALE

When giving an order to another person, use the imperative form of the verb without any pronoun.

> Travaille! Parle! Regarde! Prépare!

Note that the written imperative form of the verb is the same as the *je* and the *il/elle* forms.

Négation

Phrases déclaratives

A. Répétez.

Le garçon ne travaille pas.
Je ne regarde pas la télévision.
Tu ne parles pas.

B. Répondez négativement.

Le garçon travaille?
Il travaille maintenant?
La fille parle?
Elle parle beaucoup?
Elle parle français?
Le garçon regarde la fille?
La fille regarde le garçon?
Elle regarde la télévision?
Tu regardes la télévision?
Est-ce que tu regardes la mère?
Est-ce que tu travailles?
Est-ce que tu travailles dans le salon?
Est-ce que tu prépares le dîner?
Est-ce que tu prépares le sandwich?

La famille regarde la télévision.

C. Transformez d'après le modèle.

Richard travaille.
Richard travaille, mais tu ne travailles pas.

Marie travaille.
Paul regarde la télévision.
Elle travaille dans le salon.
Il parle.

Impératif

A. Répétez.

Ne parle pas!
Ne regarde pas!
Ne travaille pas!

B. Commandez d'après le modèle.

Je ne parle pas.
Bon. Ne parle pas!

Je ne parle pas.
Je ne parle pas anglais.
Je ne regarde pas.
Je ne regarde pas la télévision.
Je ne travaille pas.
Je ne prépare pas le dîner.

NOTE GRAMMATICALE

Two words are necessary in a negative sentence: *ne* and *pas*. Note the sequence:

ne + verb + *pas*

Examples: Command: Ne travaille pas!
Sentence: Je ne travaille pas.

Articles définis

Singulier

A. Répétez.

Voilà le garçon.
Voilà la fille.
Je regarde le père.
Je regarde la mère.

B. Substituez.

	garçon.
	père.
	frère.
Voilà le	sandwich.
	salon.
	téléphone.
	dîner.

	fille.
	mère.
	sœur.
	famille.
Voilà la	chambre.
	cuisine.
	télévision.
	maison.

Je regarde la fille.

garçon.
télévision.
téléphone.
mère.
père.
frère.
sœur.

C. Répondez.

Tu regardes la fille ou le garçon?
Qui est-ce que tu regardes?
Tu regardes le père ou la mère?
Qui est-ce que tu regardes?
Tu travailles dans la cuisine ou dans le salon?
Où est-ce que tu travailles?
Tu parles avec le frère ou avec la sœur?
Avec qui est-ce que tu parles?

Pluriel

A. Répétez.

Voilà les filles.
Je regarde les télévisions.
Voilà les garçons.
Je regarde les téléphones.

B. Transformez d'après le modèle.

Voilà la fille.
Voilà les filles.

Voilà la mère.
Voilà le père.
Voilà le salon.
Voilà la cuisine.
Je regarde la chambre.
Je regarde le père.
Je parle avec le garçon.
Je parle avec la fille.

Le garçon travaille dans la chambre.

C. Répondez.

Tu regardes les filles ou la fille?
Tu regardes le garçon ou les garçons?
Tu parles avec les frères ou avec le frère?
Tu travailles avec les sœurs ou avec la sœur?

NOTE GRAMMATICALE

Every noun is either masculine or feminine, and it is accompanied by an article of the same gender. In the singular, the definite articles are *le* and *la. Le* precedes masculine nouns and *la* precedes feminine nouns.

masculine	feminine
le garçon	la fille
le salon	la chambre
le frère	la sœur
le téléphone	la télévision

The plural of the definite articles is *les* for both masculine and feminine nouns.

Although nouns are pronounced the same way in both the singular and the plural, there is a difference in spelling. Note the silent plural ending *s.*

singular	plural
le garçon	les garçons
le frère	les frères
la sœur	les sœurs
la fille	les filles

Conversation
Au téléphone

NATHALIE:	Allô, Jeannette?
JEANNETTE:	Oui, ici Jeannette. Qui parle?
NATHALIE:	C'est Nathalie.
JEANNETTE:	Ah, bonjour, Nathalie.
NATHALIE:	Tu travailles maintenant?
JEANNETTE:	Non, je ne travaille pas. Je regarde la télévision.
NATHALIE:	Le programme est intéressant?
JEANNETTE:	Ah, oui.
NATHALIE:	Avec qui est-ce que tu regardes le programme?
JEANNETTE:	Avec Alain.
NATHALIE:	Ah, très bien. Au revoir.
JEANNETTE:	Au revoir.

QUESTIONS

1. Nathalie parle au téléphone?
2. Qui parle avec Nathalie?
3. Jeannette travaille maintenant?
4. Qu'est-ce qu'elle regarde?
5. Est-ce que le programme est intéressant?
6. Avec qui est-ce que Jeannette regarde le programme?

21

SONS ET SYMBOLES

a	an, am	ai	i, y	ill	in, ain	ei
la	grand	français	il	fille	cinq	treize
ah	grande	française	ami	famille	vingt	seize
amie	France	anglais	Paris	travaille	américain	(neige)
Madame	dans	anglaise	mardi	Guillaume	(main)	(beige)
Marie	Chantal	Claire	samedi	Mireille	(demain)	(Seine)
Anne	Maman	(mai)	qui	Marseille	(jardin)	
Barbara	chambre	(paie)	ici			
Canada			(bicyclette)			

La famille est dans le salon.

22

Lecture
Dans le salon

à *in*
ville *city*

La famille Leblanc est une famille française. La maison Leblanc est à Lyon. Lyon est une ville importante.

Maintenant la famille est dans le salon. Jeannette Leblanc ne travaille pas. Elle regarde la télévision. Le programme est inté-

sonne *rings*

ressant. Le téléphone sonne. Jeannette parle au téléphone. Elle parle beaucoup avec Robert. Robert est un ami américain. Le père de

de *of*

Robert travaille dans une compagnie américaine à Lyon. La con-versation est amusante. Jeannette parle anglais et Robert parle

amusante *amusing*

français.

QUESTIONS

1. La famille Leblanc est une famille française?
2. Où est la maison Leblanc?
3. Lyon est une ville importante?
4. Où est la famille maintenant?

5. Jeannette Leblanc travaille?
6. Elle regarde la télévision?
7. Comment est le programme?
8. Le téléphone sonne?
9. Qui parle au téléphone?
10. Avec qui parle Jeannette?
11. Robert est un ami américain?
12. Où travaille le père de Robert?
13. Comment est la conversation?
14. Qui parle anglais?
15. Qui parle français?

EXERCICES ÉCRITS

A. Complete the following sentences with an appropriate word.

1. La _____ est dans le salon.
2. La sœur _____ le dîner.
3. Antoine regarde la _____.
4. Le garçon _____ anglais.
5. Elle parle au _____.
6. La mère _____ dans la cuisine.

B. Complete the following sentences with the correct verb ending.

1. Il prépar_____ le dîner.
2. Je parl_____ français.
3. Georges travaill_____ dans la cuisine.
4. Tu parl_____ anglais.
5. Elle prépar_____ un sandwich.
6. La famille regard_____ la télévision.
7. Qu'est-ce que tu regard_____?

C. Answer the following questions with a complete sentence.

1. La fille parle beaucoup?
2. Le frère travaille maintenant?
3. Jeannette regarde la famille?
4. Il parle français?
5. Tu parles au téléphone?
6. Tu regardes la maison?
7. Tu travailles beaucoup?
8. Tu prépares le dîner?

Dans la cuisine

25

D. Complete the following sentences with the correct ending of the imperative.

1. Regard_____ le salon!
2. Prépar_____ un sandwich!
3. Parl_____ français!
4. Travaill_____ avec un ami!

E. Give negative answers to the following questions.

1. Le frère travaille?
2. La mère travaille dans la cuisine?
3. Elle regarde la télévision?
4. Tu parles au téléphone?
5. Tu parles français?
6. Il prépare le dîner?

F. Change the following imperatives from the affirmative to the negative.

1. Parle!
2. Regarde Nadine!
3. Travaille!
4. Prépare la chambre!

G. Change the following imperatives from the negative to the affirmative.

1. Ne regarde pas la télévision!
2. Ne parle pas anglais!
3. Ne prépare pas le dîner!
4. Ne travaille pas avec Pierre!

H. Complete the following sentences with the correct definite article (le or la).

1. Je prépare _____ dîner dans _____ cuisine.
2. _____ sœur travaille dans _____ salon.
3. _____ garçon regarde _____ télévision.
4. _____ frère est dans _____ chambre.
5. _____ famille prépare _____ dîner.

I. Complete the following sentences with the correct form of the feminine definite article (la or les).

1. Je travaille dans _____ cuisine.
2. Tu ne regardes pas _____ filles.
3. _____ maison est petite.
4. _____ sœurs sont blondes.
5. Je parle avec _____ mère.

J. Complete the following sentences with the correct form of the masculine definite article (le or les).

1. _____ garçons sont dans _____ salon.
2. _____ père parle avec _____ garçons.
3. Elle prépare _____ sandwichs.
4. _____ téléphone est dans _____ salon.

K. Complete the following sentences with appropriate question words.

1. C'est une télévision.
   _____ c'est?
2. Voilà un ami.
   _____ est-ce?
3. Le père est dans le salon.
   _____ est le père?
4. Catherine travaille dans la chambre.
   _____ travaille Catherine?
5. Jacques parle avec Robert.
   Avec _____ parle Jacques?

Troisième Leçon

Vocabulaire

1. C'est aujourd'hui le quatorze juillet.
   C'est un jour de fête.
   C'est une place.

2. C'est un défilé.
   Les soldats marchent à la musique militaire.

3. C'est le soir.
   Les jeunes gens chantent.
   Ils dansent aussi.
   Les filles jouent de la musique.
   Les garçons écoutent la musique.

EXERCICES DE VOCABULAIRE

A. Answer the following questions.

1. C'est aujourd'hui le quatorze juillet?
2. Quel jour est-ce aujourd'hui?
3. Est-ce que c'est un jour de fête?
4. Est-ce que c'est une place?
5. Est-ce que c'est un défilé?
6. Est-ce que les soldats marchent?
7. Est-ce qu'ils marchent à la musique militaire?
8. C'est le soir?
9. Est-ce que les jeunes gens chantent?
10. Est-ce qu'ils dansent aussi?
11. Est-ce que les filles jouent de la musique?
12. Est-ce que les garçons écoutent la musique?
13. Qu'est-ce que les garçons écoutent?

B. Form questions according to the model.

C'est aujourd'hui *le quatorze juillet*.
Quel jour est-ce aujourd'hui?

1. C'est *une place*.
2. *Le soldat* marche à la musique.
3. C'est aujourd'hui *dimanche*.
4. La fille écoute *la musique*.
5. *Les garçons* jouent de la musique.

L'Arc de Triomphe
Alain Keler from EPA

Structure

Les verbes en –er au pluriel

Troisième personne—ils, elles

A. Répétez.

Marie et Anne parlent.
Elles parlent.
Les garçons chantent.
Ils dansent.

B. Répondez.

Est-ce que Marie et Anne parlent?
Est-ce qu'elles parlent français?
Est-ce que les garçons dansent?
Est-ce qu'ils dansent?
Est-ce que les filles travaillent?
Est-ce qu'elles travaillent dans la cuisine?
Est-ce que les jeunes gens regardent la
    télévision?
Qu'est-ce qu'ils regardent?
Est-ce que les soldats marchent?
Est-ce qu'ils marchent à la musique militaire?

Première personne—nous

A. Répétez.

Nous parlons.
Nous chantons.
Nous travaillons.

B. Répondez.

Est-ce que vous parlez?
Est-ce que vous parlez français?
Est-ce que vous dansez?
Est-ce que vous dansez à la musique?
Est-ce que vous jouez?
Est-ce que vous jouez de la musique?
Est-ce que vous chantez?
Est-ce que vous travaillez beaucoup?
Est-ce que vous travaillez dans le salon?

Deuxième personne—vous

A. Répétez.

Vous parlez?
Vous marchez?
Vous dansez?
Vous travaillez?

B. Demandez.

Demandez à deux filles si elles marchent.
Demandez à deux garçons s'ils parlent français.
Demandez à deux amis s'ils dansent.
Demandez à deux amies si elles travaillent.

NOTE GRAMMATICALE

The plural pronouns are *nous, vous, ils,* and *elles. Ils* is the masculine plural pronoun, referring, for instance, to a group of boys. *Elles* is the feminine plural pronoun, referring, for instance, to a group of girls. When referring to a mixed group, the pronoun *ils* is used. When addressing two or more persons, the pronoun is *vous.* Note the verb endings for the plural.

parler	**danser**	**regarder**
nous parlons	nous dansons	nous regardons
vous parlez	vous dansez	vous regardez
ils parlent	ils dansent	ils regardent
elles parlent	elles dansent	elles regardent

The *-ent* endings of the verbs are silent.

Le *vous* de politesse

A. Répétez.

Vous chantez, Monsieur?
Vous travaillez, Madame?
Vous parlez anglais, Mademoiselle?

B. Demandez.

Demandez à Monsieur Leblanc s'il chante.
Demandez à Madame Leclerc si elle travaille
    dans le salon.
Demandez à Mademoiselle Dubois si elle joue
    de la musique.
Demandez à Monsieur Legrand s'il prépare le
    dîner.
Demandez-moi si je danse.
Demandez-moi si je parle français.

NOTE GRAMMATICALE

When addressing a young person of your age, or a close friend or relative, use the pronoun *tu* and the second person singular of the verb. When addressing an adult other than a close friend or relative, it is necessary to use the *formal* speech pattern—the pronoun *vous* and the second person plural of the verb.

Madame, vous parlez français.
Monsieur, vous travaillez.

La place de la Concorde

Impératif au pluriel

Première personne

A. Répétez.

Travaillons!
Parlons français!
Regardons la télévision!

B. Commandez et répondez d'après le modèle.

Travaillons!
Oui, travaillons!

Travaillons!
Parlons français!
Regardons le défilé!
Dansons!
Jouons de la musique!
Marchons!

Deuxième personne

A. Répétez.

Travaillez!
Chantez!
Dansez!

B. Commandez d'après le modèle.

Nous travaillons.
D'accord, travaillez!

Nous travaillons.
Nous dansons.
Nous chantons.
Nous parlons français.
Nous préparons les sandwichs.
Nous jouons de la musique.
Nous regardons les soldats.

33

The imperative forms of the plural are the same as the *nous* and *vous* forms of the verb, without any pronoun.

> Travaillons!   (Let's work!)
> Travaillez!   (Work!)

Interrogation avec *est-ce que*

A. Répétez.

Est-ce que le professeur est ici?
Est-ce qu'il est ici?
Est-ce que les filles regardent les soldats?
Est-ce qu'elles regardent les soldats?
Est-ce que les garçons travaillent beaucoup?

B. Transformez d'après le modèle.

> Le professeur est ici.
> Est-ce que le professeur est ici?

Il est ici.
Les filles regardent les soldats.
Elles regardent la télévision.
C'est une place.
Elle est petite.
Tu es français.

Vous regardez le défilé.
Nous préparons le dîner.
Ils parlent français.
Tu prépares le dîner.
Vous travaillez dans le salon.
Nous dansons.

C. Demandez.

Demandez à un ami s'il est américain.
Demandez à une amie si elle est française.
Demandez à un ami s'il est blond.
Demandez à une amie si elle est brune.
Demandez à un ami s'il travaille dans la cuisine.
Demandez à une amie si elle travaille dans le salon.
Demandez-moi si je parle français.
Demandez-moi si je prépare le dîner.

To change a statement into a question, add *est-ce que* at the beginning.

Robert est américain.	Est-ce que Robert est américain?
Vous travaillez.	Est-ce que vous travaillez?
Tu parles français.	Est-ce que tu parles français?

Est-ce que becomes *est-ce qu'* before a vowel.

> Est-ce qu'Édouard est américain?
> Est-ce qu'il parle anglais?
> Est-ce qu'Aline est dans la chambre?
> Est-ce qu'elle travaille?

Articles indéfinis

Singulier

A. Répétez.

Voilà la fille. Voilà une fille.
Voilà le garçon. Voilà un garçon.

B. Transformez d'après le modèle.

Voilà le frère.
Voilà un frère.

Voilà la sœur.
Voilà la télévision.
Voilà le frère.
Voilà la chambre.
Voilà le père.
Voilà la place.
Voilà la cuisine.
Voilà le salon.

C. Répondez.

Est-ce que tu regardes une fille ou un garçon?
Est-ce que tu regardes une place ou un défilé?
Qu'est-ce que tu regardes?
Est-ce que tu travailles dans une chambre ou dans un salon?
Où est-ce que tu travailles?
Est-ce que tu parles avec un ami ou avec une amie?

Pluriel

A. Répétez.

Voilà une fille. Voilà des filles.
Voilà un garçon. Voilà des garçons.

L'avenue des Champs-Elysées

Alain Keler from EPA

B. Transformez d'après le modèle.

Voilà une sœur.
Voilà des sœurs.

Voilà un frère.
Voilà un soldat.
Voilà une maison.
Voilà un défilé.
Voilà une place.
Voilà une chambre.
Nous regardons un défilé.
Nous regardons une place.

C. Répondez.

Est-ce que tu regardes une maison ou des maisons?
Est-ce que tu parles avec une fille ou avec des filles?
Est-ce que tu prépares un sandwich ou des sandwichs?
Est-ce que tu marches avec un soldat ou avec des soldats?

NOTE GRAMMATICALE

The singular indefinite articles are *un* and *une*. *Un* accompanies masculine nouns, and *une* accompanies feminine nouns.

In the plural, the indefinite article for both feminine and masculine genders is *des*. Note the silent plural endings.

un garçon	des garçons
un salon	des salons
une fille	des filles
une famille	des familles

Conversation
La Fête

THÉRÈSE:	Marie et Jean, qu'est-ce que vous préparez?
MARIE:	Nous préparons des sandwichs.
THÉRÈSE:	Pour quoi?
JEAN:	Pour la fête.
THÉRÈSE:	La fête?
MARIE:	Oui, c'est aujourd'hui le treize juillet.
THÉRÈSE:	Ah, oui. Le quatorze juillet nous regardons le défilé.
MARIE:	Oui, et après ça nous dansons.

QUESTIONS

1. Est-ce que Marie et Jean préparent des sandwichs?
2. Qu'est-ce qu'ils préparent?
3. Pour quoi est-ce qu'ils préparent des sandwichs?
4. Quel jour est-ce?
5. Est-ce que les amis regardent le défilé le quatorze juillet?
6. Est-ce qu'ils dansent après ça?

SONS ET SYMBOLES

u	un	ui	e + 2 consonants	o, eau, au
tu	brun	suis	merci	téléphone
(du)	un	huit	mercredi	politesse
une	lundi	cuisine	elle	(police)
brune		ensuite	verbe	(mode)
musique			intelligent	(robe)
Lucile			(trompette)	Carole
Julie			(bicyclette)	Robert
Suzanne			(restaurant)	chocolat
amusante			(verte)	
amusant			Albert	octobre
			Bernard	Joseph
			Pierre	Guillaume
				Paulette
				au
				aussi
				(bureau)
				(auto)

on, om	ç
non	français
bon	française
leçon	garçon
salon	leçon
maison	ça
(sont)	
blond	
blonde	
télévision	
garçon	
(nom)	

Silent plural verb endings
Comparez.

Le frère parle.	Les frères parlent.
La sœur travaille.	Les sœurs travaillent.
Le soldat marche.	Les soldats marchent.
Il regarde.	Ils regardent.
Elle chante.	Elles chantent.
Il danse.	Ils dansent.

Lecture
Le Quatorze Juillet

C'est aujourd'hui un jour de fête. C'est le quatorze juillet. Les Français célèbrent la fête nationale française.

Tout le monde *Everyone*

Tout le monde est sur la place de la Concorde. C'est une grande place dans le centre de la capitale. Les Parisiens regardent le défilé. Les soldats français marchent à la musique militaire. Ils arrivent à l'Arc de Triomphe.

Ensuite *Next*
son quartier *his (own) neighborhood*
commencent *begin*
mangent *eat*
Pourquoi pas *Why not?*

Ensuite, tout le monde retourne dans son quartier. C'est le soir. Maintenant, les célébrations commencent. Les jeunes gens jouent de la musique. Ils dansent et ils chantent. Ils mangent aussi. Tout le monde est content. Pourquoi pas? C'est un jour de fête.

QUESTIONS

1. Est-ce que c'est un jour de fête aujourd'hui?
2. Quel jour est-ce?
3. Qu'est-ce que les Français célèbrent?
4. Où est tout le monde?
5. Où est la place de la Concorde?
6. Qu'est-ce que les Parisiens regardent?
7. Qui marche dans le défilé?
8. Où est-ce qu'ils arrivent?
9. Où est-ce que tout le monde retourne ensuite?
10. Est-ce que c'est le soir?
11. Qu'est-ce qui commence?
12. Est-ce que les jeunes gens jouent de la musique?
13. Est-ce qu'ils dansent et chantent?
14. Est-ce qu'ils mangent aussi?
15. Est-ce que tout le monde est content?
16. Pourquoi est-ce que tout le monde est content?

EXERCICES ÉCRITS

A. Complete the following sentences with an appropriate word.

1. C'est _____ le quatorze juillet.
2. Les soldats marchent dans le _____ .
3. Les jeunes gens _____ de la musique.
4. C'est un _____ de fête.
5. Les jeunes gens dansent et _____ .

B. Complete the verbs in the following sentences with the proper ending.

1. Pierre et Suzanne travaill_____ .
2. Nous chant_____ .
3. Ils jou_____ de la musique.
4. Les soldats march_____ dans le défilé.
5. Est-ce que vous parl_____ français, Monsieur?
6. Qu'est-ce qu'elles prépar_____ ?
7. Nous ne parl_____ pas au téléphone.
8. Marie et Anne regard_____ la télévision.

Un défilé militaire le quatorze juillet

Don Koblitz from EPA

C. **Complete the following sentences with the correct pronoun.**

1. _____ dansons.
2. Voilà Pierre et Michel. _____ travaillent.
3. Les filles travaillent. _____ préparent des sandwichs.
4. Est-ce que _____ jouez de la musique?
5. _____ regardons le défilé.

D. **Rewrite the following sentences changing *Marc* to *Monsieur,* and *Marie* to *Madame.***

1. Marie, est-ce que tu chantes?
2. Marc, est-ce que tu regardes le défilé?
3. Marie, est-ce que tu joues de la musique?
4. Marc, est-ce que tu marches?

E. **Add the correct form of the *nous* imperative to the verbs in the following sentences.**

1. Chant_____!
2. Regard_____ le défilé!
3. Parl_____ français!
4. March_____!

F. **Add the correct form of the *vous* imperative to the verbs in the following sentences.**

1. Dans_____!
2. Travaill_____ dans la cuisine!
3. Regard_____ la place!
4. Jou_____ de la musique!

G. **Change the following sentences into questions. Use *est-ce que.***

1. Le soldat marche.
2. Il danse.
3. Marie est une fille.
4. Elle chante.

5. Ils jouent de la musique.
6. Tu regardes le défilé.
7. Vous travaillez dans le salon.
8. Nous regardons les soldats.

H. **Complete the following sentences with the correct form of the indefinite article (*un* or *une*).**

1. Je regarde _____ défilé.
2. Je ne parle pas avec _____ fille.
3. _____ soldat marche.
4. _____ garçon chante.
5. Nous regardons _____ télévision.

I. **Change the following sentences from the singular to the plural.**

1. Voilà une fille.
2. Je parle avec un ami.
3. Voilà un garçon.
4. Voilà une famille.
5. Je marche dans un défilé.

J. **Change the following sentences from the plural to the singular.**

1. Voilà des amis.
2. Voilà des salons.
3. Des filles travaillent avec des amies.
4. Est-ce que vous parlez avec des garçons?
5. Voilà des soldats.

K. **Answer the following questions in paragraph form. Write your answers so that they compose a short story.**

Est-ce que vous regardez un défilé?
Est-ce que les soldats marchent dans le défilé?
Est-ce que vous jouez de la musique?
Est-ce que vous dansez?
Est-ce que vous chantez?

Quatrième
Leçon

Vocabulaire

1. Il est huit heures et demie du matin.
   Les élèves sont dans la classe d'anglais.
   Le professeur est dans la classe aussi.
   La classe est dans le lycée.

2. C'est l'après-midi.
   Les élèves sont libres maintenant.
   Ils quittent l'école.
   Ils traversent la rue.
   Voilà le métro.

3. C'est aujourd'hui mercredi.
   Les copains sont à table dans un café.
   Ils demandent une limonade.
   Ils sont très contents.
   Ils discutent.
   L'homme est avec l'étudiant.

MARDI		6	
MERCREDI	1	7	14
JEUDI	2	8	15
VENDREDI	3	9	16
SAMEDI	4	10	17
DIMANCHE	5	11	18
		12	19

45

EXERCICES DE VOCABULAIRE

A. Answer the following questions.

1. Est-ce qu'il est huit heures et demie du matin?
2. Quelle heure est-il?
3. Est-ce que les élèves sont dans la classe d'anglais?
4. Où sont-ils?
5. Qui est dans la classe aussi?
6. Où est la classe?
7. C'est l'après-midi?
8. Est-ce que les élèves sont libres maintenant?
9. Est-ce qu'ils quittent l'école?
10. Est-ce qu'ils traversent l'avenue?
11. Est-ce que c'est le métro?
12. C'est aujourd'hui dimanche?
13. Quel jour est-ce?
14. Est-ce que les copains sont dans un café?
15. Où sont-ils?
16. Qu'est-ce qu'ils demandent?
17. Est-ce qu'ils sont très contents?
18. Est-ce qu'ils discutent?
19. Est-ce que l'homme est avec l'étudiant?

B. Form questions according to the model.

Il est *neuf heures.*
Quelle heure est-il?

1. C'est aujourd'hui *vendredi.*
2. Les élèves traversent *la rue.*
3. Les copains sont *dans un café.*
4. *Le garçon* est dans la classe de mathématiques.
5. Il est *huit heures et demie.*

Le lycée Henri IV

Alain Keler from EPA

Structure

Accord des adjectifs au pluriel

A. Répétez.

Cécile et Lucette sont blondes.
Paul et André sont blonds.
Marie et Martine sont intelligentes.
Jacques et Pierre sont intelligents.

B. Répondez.

Cécile et Lucette sont blondes?
Paul et André sont blonds?
Thérèse et Antoinette sont intelligentes?
Gérard et Daniel sont intelligents?
Les filles sont intéressantes?
Les garçons sont intéressants?
Simone et Janine sont contentes?
Marc et Robert sont contents?
Hélène et Thérèse sont américaines?
David et Michel sont américains?
Les filles sont brunes?
Les garçons sont bruns?

Dans un lycée technique

Robert Rapelye from EPA

NOTE GRAMMATICALE

The adjective agrees in every way with the noun it modifies. When the noun is plural, so is the adjective. A singular adjective is made plural by adding *s* to the feminine or masculine form.

	singular	**plural**
feminine	une fille américaine	des filles américaines
masculine	un garçon américain	des garçons américains
feminine	une fille intelligente	des filles intelligentes
masculine	un garçon intelligent	des garçons intelligents

Le verbe *être* au pluriel

Troisième personne—ils, elles

A. Répétez.

Nicolas et Édouard sont ici.
Ils sont ici.
Francine et Charlotte sont dans la classe.
Elles sont dans la classe.

B. Répondez.

Nicolas et Édouard sont ici?
Où sont-ils?
Est-ce qu'ils sont dans la classe d'anglais?
Est-ce que les salons sont petits?
Comment sont-ils?
Est-ce que les lycées sont grands?
Comment sont-ils?
Francine et Charlotte sont dans la classe?
Où sont-elles?
Sont-elles contentes?
Est-ce qu'elles sont intelligentes?
Est-ce que les chambres sont petites?
Comment sont-elles?
Est-ce que les maisons sont grandes?
Comment sont-elles?

Première personne—nous

A. Répétez.

Nous sommes américains.
Nous sommes contentes.
Nous sommes dans la classe de français.
Nous sommes des filles.

B. Répondez.

Êtes-vous ici?
Êtes-vous dans la classe de français?
Où êtes-vous?
Êtes-vous américains?
Êtes-vous intelligents?
Êtes-vous contents?
Êtes-vous des garçons?
Êtes-vous des filles?

Deuxième personne—vous

A. Répétez.

Vous êtes américains.
Vous êtes américaines.
Vous êtes ici.
Vous êtes contents.
Vous êtes dans la classe.

B. Demandez.

Demandez à deux garçons s'ils sont américains.
Demandez à deux filles si elles sont
    américaines.
Demandez à deux garçons s'ils sont contents.
Demandez à deux filles si elles sont contentes.
Demandez à Mademoiselle Legrand si elle est
    américaine.
Demandez à Monsieur Dupont s'il est français.
Demandez à Monsieur Dubois s'il est dans la
    classe.
Demandez à Monsieur Leblanc où il est.

NOTE GRAMMATICALE

You have already learned the singular forms of the irregular verb *être:*

> je suis
> tu es
> il est
> elle est

The plural forms are:

> nous sommes
> vous êtes
> ils sont
> elles sont

Dans une station de métro

Article défini l'

L'ami est intelligent.
Les amis sont intelligents.

L'amie est intéressante.
Les amies sont intéressantes.

L'homme est content.
Les hommes sont contents.

B. Répondez.

Est-ce que l'amie est blonde?
Est-ce que l'ami est blond?
Est-ce que l'élève est intéressant?
Est-ce que l'école est grande?
Est-ce que l'avenue est grande?

Est-ce que l'homme est grand?
Est-ce que les hommes sont ici?
Est-ce que les amies sont ici?
Est-ce que les écoles sont grandes?
Est-ce que les étudiants sont intelligents?

C. Transformez d'après le modèle.

Voilà un ami.
Voilà l'ami.

Voilà un ami.
Voilà un homme.
Voilà une amie.
Voilà une école.
Voilà des étudiants.
Voilà des examens.

NOTE GRAMMATICALE

The definite article *le* or *la* changes to *l'* before a word beginning with a vowel or silent *h*.

masculine	feminine
l'ami	l'amie
l'homme	l'heure

The plural definite article *les* is linked with a *z* sound to a word beginning with a vowel.

les͜ amis
les͜ écoles

Conversation
Demain, pas de classes

PIERRE ET MARIE:	Comme nous sommes contents!
ANNE:	Pourquoi?
PIERRE:	C'est aujourd'hui mardi. Demain, pas de classes.
ANNE:	Pas de classes en France le mercredi?
PIERRE:	Oui, nous sommes libres le mercredi.
ANNE:	Mais le samedi est un jour de classe, n'est-ce pas?
PIERRE:	Oui, le week-end n'est pas complètement libre.

QUESTIONS

1. Est-ce que Pierre et Anne sont contents?
2. Quel jour est-ce aujourd'hui?
3. Est-ce que le mercredi est un jour de classe?

4. Est-ce que les élèves sont libres le mercredi?
5. Est-ce que le samedi est un jour de classe?
6. Est-ce que le week-end est complètement libre?

SONS ET SYMBOLES

è	ê	e	eu, œu	en, em
père	être	le	neuf	en
mère	êtes	de	professeur	cent
frère	fête	je	docteur	excellent
modèle	(prêt)	ne	heure	intelligent
très	(prête)	Denis	jeune	appartement
Adèle	(arrête)	Denise	sœur	centre
Angèle	(tête)			ensuite
Eugène		petit	deux	content
Geneviève		petite	Eugène	Laurent
		regarde	Mathieu	Vincent
		demande		septembre
		avenue		novembre
				décembre

Silent plural endings
Comparez.

Le garçon intelligent   Les garçons intelligents
La fille intelligente   Les filles intelligentes
L'étudiant américain   Les étudiants américains
La cuisine française   Les cuisines françaises

Lecture
Les Élèves

de   *from*

en face de   *in front of*
célèbre   *famous*
Quartier latin   *Latin Quarter*

croque-monsieur   *hot ham and cheese sandwich*
examen   *examination*
difficile   *difficult*

Philippe et Jean-Paul sont des garçons français. Ils sont de Paris. Il est huit heures du matin. Maintenant ils sont dans le métro. Ils traversent la ville. À huit heures et demie les deux copains sont en face de l'école. C'est le lycée Henri IV. Le lycée est une école secondaire en France. Le lycée Henri IV est célèbre. Il est dans le Quartier latin. Les élèves travaillent beaucoup dans le lycée. Les cours d'histoire, d'anglais et de mathématiques sont très intéressants.

L'après-midi les élèves quittent l'école. Ils traversent la rue Clovis. Maintenant les amis sont à table dans un café. Ils demandent un croque-monsieur et une limonade. Ils parlent beaucoup. Ils discutent du «bac». Le «bac» est un examen difficile.

QUESTIONS

1. Est-ce que Philippe et Jean-Paul sont des garçons français?
2. Sont-ils de Paris?
3. Quelle heure est-il?
4. Est-ce que les amis sont dans le métro?
5. Qu'est-ce qu'ils traversent?
6. Où sont les deux copains à huit heures et demie?
7. C'est le lycée Henri IV?
8. Est-ce que le lycée est une école secondaire en France?
9. Où est le lycée Henri IV?
10. Est-ce que les élèves travaillent beaucoup dans le lycée?
11. Quels cours sont intéressants?
12. L'après-midi, est-ce que les élèves quittent l'école?
13. Qu'est-ce qu'ils traversent?
14. Où sont-ils maintenant?
15. Qu'est-ce qu'ils demandent?
16. Est-ce qu'ils discutent du «bac»?
17. Est-ce que le «bac» est un examen difficile?

Au café

Une rue à Paris

EXERCICES ÉCRITS

A. Complete the following with an appropriate word.

1. Il est huit _____.
2. C'est un _____ de mathématiques.
3. Les _____ sont dans la classe d'anglais.
4. Les copains _____ la rue.
5. C'est l'après-midi. Les élèves sont _____ maintenant.

B. Add the correct ending to the adjectives in the following sentences.

1. Les filles sont content_____.
2. Les garçons sont intéressant_____.
3. Les salons sont grand_____.
4. Les maisons sont petit_____.
5. Les professeurs sont intelligent_____.

55

C. Complete the following sentences with the appropriate form of the verb *être*.

1. Nous _____ contentes.
2. Elles _____ américaines.
3. Nous _____ ici.
4. Vous _____ avec un ami.
5. Ils _____ dans la classe.
6. Catherine et Carole _____ brunes.
7. Stéphane et Henri _____ avec le professeur.
8. Vous _____ grands.

D. Complete the following sentences with the appropriate pronoun.

1. Voilà David et Marc. _____ sont intéressants.
2. _____ sommes américains.
3. _____ êtes français.
4. Voilà Suzanne et Carole. _____ sont intelligentes.
5. _____ sommes ici.
6. _____ êtes contents.

E. Choose the correct word to complete the following sentences.

1. (Le, L') ami de Pierre parle avec (la, l') amie de Jeanne.
2. (Le, L') garçon parle avec (le, l') homme.
3. (La, L') élève est dans (la, l') classe de français.
4. (La, L') avenue est grande.
5. (Le, L') étudiant est dans (la, l') chambre.

F. Rewrite the following story changing *Jacques* to *Philippe et Georges*.

Jacques est dans la classe de français. Il est américain. Il est grand. Il est intelligent. Il est avec le professeur. Il travaille beaucoup.

JEUX DE MOTS

A. Solve the following crossword puzzle.

Horizontalement

1. Voilà la maison: le salon, la cuisine, la _____.
5. Voilà Suzanne. _____ marche dans le défilé.
7. La mère parle _____ téléphone.
8. Voilà un garçon et une _____.
9. Qui est-ce? —_____ Michel.
11. Alain _____ Philippe sont grands.
12. Étudiant
14. Pierre, vous _____ français.
15. Voilà la mère et _____ père.
16. Les copains quittent _____ lycée.
18. Marcelle est grande, blonde, et _____ intelligente.
19. Jeannette _____ Aline sont brunes.
20. Il est huit heures du _____.
24. Où est Jean? _____ est ici.
25. Aujourd'hui je _____ la télévision.
27. Marguerite, _____ travailles maintenant?
29. _____ est deux heures et demie.
31. Je ne travaille _____ aujourd'hui.
32. Les jeunes _____ chantent et dansent.
34. Voilà un café et _____ école.
36. Homme militaire
37. Tu es française? _____, je suis américaine.

Verticalement

1. Les copains sont à table dans un _____.
2. 8
3. Dans un défilé, les gens marchent à la musique _____.
4. Richard, est-ce que tu _____ libre maintenant?
5. Le professeur et les _____ sont dans la classe.
6. Il est huit heures _____ demie.
9. Le Francais _____ la fête nationale.
10. Jeannette est françai_____.
12. Pierre _____ très intelligent.
13. Les étudiants traversent Paris en _____.
16. Qui prépare _____ dîner?

58

17. Copain
21. _____ est un garçon français.
22. Je _____ chante pas.
23. En France, le quatorze juillet est un jour de _____.
26. Richard n'est pas petit; il est _____.

28. C'est _____ jour de fête.
30. Voilà _____ copains.
33. Tout le monde retourne dans _____ quartier.
34. C'est _____ garçon.
35. Philippe est intelligent _____ intéressant.

B. Unscramble each set of letters to make a word. Then take the letters that are in the circles and unscramble them to make another word that is related to the original words.

○ ○ ○ ○ ○

S E L A S C

V L E E E

O S R U C

A C I N O P

E L E Y C

C. Here is a crucigram. It includes numbers from 1 to 20. List the numbers you can find, and list also the words that you find which should not have been included.

on, deux, trois, quatre, cinq, six, sept, huit, neuf, dix, onze, douze, quatorze, quinze, seize, dixsept, dixhuit, dixneuf, vingt, TREZZE

```
Q U A T R E S D N D
U N O R D P H I E I
A C M O I A U X U X
T I S I X S I S F N
O N S S E P T E T E
R Q E D E U X P O U
Z D I X H U I T N F
E N Z W Q U I N Z E
L E E T R E I Z E U
V I N G T D O U Z E
```

D. Can you make up your own crossword puzzles or crucigrams for the French class?

Cinquième
Leçon

Vocabulaire

2. Marie va au musée.
   Il y a des peintures et des statues dans le
   musée.

3. Un agent de police arrête les voitures.
   C'est un jardin.

1. C'est aujourd'hui dimanche.
   Les jeunes gens vont au cinéma.
   Ils vont à pied.
   Il y a des boutiques dans la rue.

EXERCICES DE VOCABULAIRE

A. Answer the following questions.

1. C'est aujourd'hui dimanche?
2. Quel jour est-ce aujourd'hui?
3. Où vont les jeunes gens?
4. Est-ce qu'ils vont à pied?
5. Qu'est-ce qu'il y a dans la rue?
6. Où va Marie?
7. Qu'est-ce qu'il y a dans le musée?
8. Est-ce qu'un agent de police arrête les voitures?
9. Qui arrête les voitures?
10. C'est un jardin?

B. Form questions according to the model.

C'est aujourd'hui *dimanche.*
Quel jour est-ce aujourd'hui?

1. C'est aujourd'hui *dimanche.*
2. Ils regardent *des peintures.*
3. Ils vont *au cinéma.*
4. *Un agent de police* arrête les voitures.
5. Elles vont *à pied.*

Le jardin des Tuileries

Alain Keler from EPA

Structure

handwritten: à pied / à bicyclette / en voiture, Par le tra.. / " " avion " / " autobus / " métro

Le verbe *aller*

Troisième personne du singulier

A. Répétez.

Pierre va au cinéma.
Il va au cinéma.
Marie va au lycée.
Elle va au lycée.

B. Répondez.

Est-ce que Pierre va au cinéma?
Est-ce qu'il va au cinéma?
Où va Pierre?
Est-ce que Marie va au lycée?
Est-ce qu'elle va au lycée?
Où va Marie?
Est-ce que Sylvie va à la boutique?
Est-ce qu'elle va à la boutique?
Où va Sylvie?
Est-ce que Jean va au café?
Est-ce qu'il va au café?
Où va Jean?

Première personne du singulier

A. Répétez.

Je vais à la boutique.
Je vais à Paris.

B. Répondez.

Est-ce que tu vas à la boutique?
Où vas-tu?
Est-ce que tu vas au cinéma?
Où vas-tu?
Est-ce que tu vas à la maison?
Où vas-tu?
Est-ce que tu vas à New York?
Est-ce que tu vas à Paris?
Est-ce que tu vas à Montréal?

Deuxième personne du singulier

A. Répétez.

Tu vas à pied.
Tu vas à bicyclette.
Est-ce que tu vas en voiture?

B. Demandez.

Demandez à une fille si elle va à pied.
Demandez à un garçon s'il va à bicyclette.
Demandez à un ami s'il va en voiture.
Demandez à une amie si elle va à New York.
Demandez à un garçon s'il va à Chicago.
Demandez à un camarade où il va.
Demandez à une camarade où elle va.

Troisième personne du pluriel

A. Répétez.

Les garçons vont au musée.
Les filles vont à la boutique.

B. Répondez.

Est-ce que les garçons vont au lycée?
Est-ce qu'ils vont au musée?
Où vont-ils?
Est-ce que les filles vont à la boutique?
Est-ce qu'elles vont à la maison?
Où vont-elles?
Est-ce que les hommes vont à la cuisine?
Où vont-ils?
Est-ce que les jeunes gens vont en classe?
Où vont-ils?
Est-ce que les amies vont dans la rue?
Où vont-elles?
Est-ce que Marie et Jeanne vont à Québec?
Où vont-elles?

Première personne du pluriel

A. Répétez.

Nous allons au cinéma.
Nous allons au café.
Nous allons à la cuisine.

B. Répondez.

Est-ce que vous allez au cinéma?
Est-ce que vous allez au café?
Est-ce que vous allez à la boutique?
Est-ce que vous allez en France?
Où allez-vous?
Est-ce que vous allez en voiture?
Comment allez-vous au lycée?

Deuxième personne du pluriel

A. Répétez.

Vous allez au musée.
Vous allez à la boutique.
Vous allez au café.
Où allez-vous?

B. Demandez.

Demandez à deux amies si elles vont au cinéma.
Demandez à deux amis s'ils vont à la boutique.
Demandez à deux amies si elles vont au café.
Demandez à deux amis s'ils vont à la boutique.
Demandez à deux amies si elles vont au musée.
Demandez à deux amies si elles vont avec Henri.
Demandez à deux amis s'ils vont à pied.

C. Demandez-moi.

Demandez-moi si je vais à la boutique.
Demandez-moi si je vais au cinéma.
Demandez-moi si je vais à bicyclette.

Une boutique à Paris

Alain Keler from EPA

64

NOTE GRAMMATICALE

The verb *aller* is irregular. It follows a pattern of its own. It is different from the verbs of the first conjugation. The forms of the verb *aller* are as follows:

singular	plural
je vais	nous allons
tu vas	vous allez
il va	ils vont
elle va	elles vont

Impératif du verbe aller

A. Répétez.

Va!
Va au cinéma!
Allons!
Allons au musée!
Allez!
Allez à la boutique!

B. Commandez d'après le modèle.

Je vais au lycée.
Bon. Va au lycée!

Je vais au café.
Je vais à la boutique.
Je vais à pied.
Je vais à bicyclette.

Les gens vont au cinéma.

Nous allons à pied ou en voiture?
Allons à pied!

Nous allons en voiture ou à pied?
Nous allons au café ou au musée?
Nous allons à la boutique ou à la maison?
Nous allons au musée ou au cinéma?

D. Commandez d'après le modèle.

Nous allons dans le métro.
D'accord, allez dans le métro!

Nous allons à la boutique.
Nous allons en classe.
Nous allons à bicyclette.
Nous allons à pied.

NOTE GRAMMATICALE

The imperative forms of *aller* are:

Va!   Go! (*talking to one person*)
Allons!   Let's go!
Allez!   Go! (*talking to more than one person, or formal speech*)

à + l'article défini

au, à la, à l'

A. Répétez.

Michel parle au garçon.
Jacqueline va au café.
Thérèse va à la boutique.
Pierre va à l'école.

B. Répondez.

Est-ce que Michel parle au garçon?
Est-ce que Pierre va au lycée?
Est-ce que Marie va au musée?
Est-ce que Jacqueline va au cinéma?
Est-ce que Thérèse va à la cuisine?
Est-ce que Carole va à la boutique?
Est-ce que Pierre va à la maison?

Est-ce que tu vas à l'école?
Est-ce que tu parles à l'homme?
Est-ce que tu parles à l'agent de police?

C. Imitez les modèles.

Voilà le cinéma.
Pierre va au cinéma.

Voilà le café.
Voilà le musée.
Voilà le salon.
Voilà le lycée.
Voilà le jardin.

Voilà la cuisine.
Thérèse va à la cuisine.

Voilà la boutique.
Voilà la chambre.
Voilà la maison.

Voilà l'homme.
Pierre parle à l'homme.

Voilà l'agent de police.
Voilà l'étudiant.
Voilà l'homme.
Voilà l'ami.

aux

Nous parlons aux garçons.
Nous parlons aux filles.
Nous parlons aux agents.

Est-ce que vous parlez aux garçons?
Est-ce que vous parlez aux professeurs?
Est-ce que vous parlez aux pères?
Est-ce que vous parlez aux filles?
Est-ce que vous parlez aux mères?

Est-ce que vous parlez aux agents?
Est-ce que vous parlez aux hommes?

Voilà les garçons.
Je parle aux garçons.

Voilà les filles.
Voilà les pères.
Voilà les frères.
Voilà les agents.
Voilà les étudiants.

NOTE GRAMMATICALE

When the preposition *à* precedes the article *le*, the two words form one word, *au*. This contraction does not take place with the articles *la* or *l'*.

$$à + le = au$$

Study the following examples.

Je vais au musée.	Je vais à la boutique.	Je parle à l'agent.
Je parle au garçon.	Je parle à la fille.	Je parle à l'homme.

In the plural, when the preposition *à* precedes the article *les,* the two words form one word, *aux.*

$$à + les = aux$$

Study the following examples:

Je regarde les garçons.	Je parle aux garçons.
Je regarde les filles.	Je parle aux filles.

Aux links with a *z* sound to a word beginning with a vowel.

Je parle aux‿agents.

Il y a

Il y a un professeur dans la classe.
Il y a des peintures dans le musée.
Il y a des voitures dans la rue.

Le musée du Louvre

B. Répondez.

Est-ce qu'il y a un professeur dans la classe?
Est-ce qu'il y a des statues dans le musée?
Est-ce qu'il y a des voitures dans la rue?
Est-ce qu'il y a des films au cinéma?
Est-ce qu'il y a des garçons dans la classe?
Est-ce qu'il y a des filles au lycée?
Est-ce qu'il y a des sandwichs dans la cuisine?
Est-ce qu'il y a un musée ici?
Est-ce qu'il y a une boutique ici?
Est-ce qu'il y a une maison ici?

NOTE GRAMMATICALE

The expression *il y a* means "there is" or "there are." Study the following examples.

Il y a un garçon dans la classe.
Il y a une maison ici.
Il y a des peintures dans le musée.

Interrogation par inversion

A. Répétez.

Est-ce qu'il va à Paris?
Va-t-il à Paris?
Est-ce qu'elle travaille?
Travaille-t-elle?

Est-ce qu'ils vont à San Francisco?
Vont-ils à San Francisco?
Est-ce qu'ils regardent les peintures?
Regardent-ils les peintures?

B. Transformez d'après le modèle.

Elle parle.
Parle-t-elle?

Il travaille.
Elle parle.
Elle prépare le dîner.
Il danse avec Jeannette.
Elle va dans le métro.
Il va à Paris.

Elles sont françaises.
Ils sont américains.
Elles parlent.
Ils travaillent.

C. Demandez.

Demandez s'il va au musée.
Demandez si elle travaille.
Demandez s'ils vont au cinéma.
Demandez si elles dansent.

D. Répétez.

Danses-tu?
Travaillons-nous?
Parlez-vous?

E. Transformez d'après le modèle.

Tu parles.
Parles-tu?

Tu travailles.
Tu danses.

Tu marches.
Tu es américain.
Tu vas à la boutique.

Nous regardons.
Nous dansons.
Nous traversons la rue.
Nous sommes français.
Nous allons dans le métro.

Vous parlez.
Vous travaillez.
Vous dansez.
Vous êtes intelligents.
Vous allez à la boutique.

F. Répétez.

Où est-il?
Où sont-elles?
Où vas-tu?
Où allons-nous?
Où dansez-vous?
Où travaillent-ils?

G. Posez des questions d'après le modèle.

Jérôme est dans la classe.
Où est-il?

Georges est dans le salon.
Madeleine est dans la boutique.
Robert et Michel sont au cinéma.
Barbara et Nanette sont au musée.
Jean et Bernard vont à la chambre.
Paulette va à la maison.
Nous travaillons dans le salon.
Nous sommes dans la rue.
Nous allons au lycée.

H. Demandez.

Demandez à une fille où elle est.
Demandez à un garçon où il est.
Demandez à deux garçons où ils sont.
Demandez à deux filles où elles travaillent.
Demandez à deux amies où elles vont.
Demandez à deux amis où ils dansent.
Demandez à deux camarades où ils vont.

In French, there are three ways to ask a question. You can ask a question simply by saying a sentence and raising the tone of your voice at the end. That is called "intonation."

> Tu travailles?
> Vous parlez français?

You have also learned to put *est-ce que* before a statement to form a question.

> Est-ce que tu travailles?
> Est-ce que vous parlez français?
> Est-ce qu'ils vont à Paris?

A question can also be formed by inverting the subject pronoun and the verb. This is called "inversion."

> Travailles-tu?
> Parlez-vous français?
> Vont-ils à la boutique?

Note that if the written form of the third person singular (*il, elle*) ends in a vowel, the letter *t* is inserted between the inverted pronoun and the verb. Note that a *t* sound is heard in the *il, elle, ils,* and *elles* forms.

> Travaille-t-il?
> Parle-t-il?
> Va-t-elle dans le métro?
> Vont-ils au cinéma?

When a question word such as *où, comment,* etc. precedes a question, inversion is normally used.

> Où allez-vous?
> Où travailles-tu?
> Où est-il?
> Comment vas-tu?

Conversation
Où va Marie?

MONSIEUR DEBRÉ:	Marie, où vas-tu?
MARIE:	Je vais au musée, Papa.
MONSIEUR DEBRÉ:	Ah, très bien.
ROBERT:	Et ensuite, elle va au cinéma.
MARIE:	Oh, Robert!
MONSIEUR DEBRÉ:	Avec qui vas-tu au cinéma?
MARIE:	Avec Suzanne.
ROBERT:	Oui, et David aussi va au cinéma.
MARIE:	Oui, nous allons au cinéma avec des copains.

QUESTIONS

1. Quel jour est-ce aujourd'hui?
2. Où est Monsieur Debré?
3. Où est la famille?
4. Où va Marie?
5. Où va-t-elle ensuite?

6. Avec qui est-ce que Marie va au cinéma?
7. Qui va aussi au cinéma?
8. Est-ce que Marie va au cinéma avec des copains?

SONS ET SYMBOLES

ou	**oui**	**oi, oy**	**oin**
ou	oui	voilà	(moins)
où	Louis	voiture	(loin)
nous	Louise	soir	
vous		trois	
soupe		(mois)	
boutique		Victoire	
beaucoup		François	
douze		Françoise	
pour		Grégoire	
jour		Antoine	
aujourd'hui		(voyage)	
bonjour			

Liaison
Comparez.

Nous parlons avec Pierre.   Nous allons avec Pierre.
Vous travaillez au lycée.   Vous allez au lycée.
Voilà les sœurs.   Voilà les amies.
Voilà les frères.   Voilà les amis.
Il y a des professeurs.   Il y a des agents.
Il y a un père ici.   Il y a un homme ici.
Elle est française.   Elle est anglaise.
Il est grand.   Il est intelligent.
Il est très grand.   Il est très intelligent.

Lecture
Un Après-midi à Paris

C'est aujourd'hui dimanche. Les garçons et les filles ne vont pas au lycée. L'après-midi ils vont au musée. Ils vont avec un groupe d'amis. Ils ne vont pas deux à deux. Le «dating» n'est pas extrêmement populaire avec les jeunes gens français. Dans le musée ils regardent beaucoup de peintures et de statues. Les jeunes gens français aiment beaucoup l'art. Ils visitent souvent les musées. Le dimanche l'entrée au musée est gratuite.

aiment — *like*
souvent — *often*
l'entrée — *admittance*
gratuite — *free*

À quatre heures les copains quittent le musée et ils traversent le jardin des Tuileries. Ils vont à pied. Attention! Maintenant ils traversent la place de la Concorde. Un agent de police arrête les voitures.

Les copains vont au cinéma. Ils regardent un film de science-fiction. C'est un film extraordinaire. Les films sont très populaires en France. Dans les villes françaises il y a beaucoup de cinémas.

rentrent — *go back*

À sept heures les amis rentrent à la maison. À la maison ils dînent en famille.

QUESTIONS

1. Quel jour est-ce aujourd'hui?
2. Est-ce que les garçons et les filles vont au lycée?
3. L'après-midi où vont-ils?
4. Vont-ils avec un groupe d'amis?
5. Est-ce que le «dating» est extrêmement populaire avec les jeunes Français?
6. Qu'est-ce qu'ils regardent dans le musée?
7. Est-ce que les jeunes Français aiment beaucoup l'art?
8. Visitent-ils souvent les musées?
9. Est-ce que l'entrée au musée est gratuite le dimanche?
10. À quelle heure est-ce que les copains quittent le musée?
11. Qu'est-ce qu'ils traversent?
12. Vont-ils à pied?
13. Qu'est-ce qu'ils traversent maintenant?
14. Qui arrête les voitures?
15. Où vont les copains?
16. Qu'est-ce qu'ils regardent?
17. Est-ce qu'il y a beaucoup de cinémas dans les villes françaises?
18. À quelle heure est-ce que les amis rentrent à la maison?
19. Dînent-ils en famille?

Un agent de police
Hubert Josse/EPA

Les jeunes gens regardent des peintures dans le musée.

Alain Keler from EPA

EXERCICES ÉCRITS

A. Complete the following sentences with an appropriate word.

1. Ils ne vont pas en voiture. Ils vont à
   _____ .
2. Il y a des peintures dans le _____ .
3. Un _____ arrête les voitures.
4. Les jeunes gens traversent la _____ .
5. Ils _____ à pied.

B. Complete the following sentences with the correct form of the verb *aller.*

1. Nous _____ au lycée.
2. Où _____-tu?
3. Vous _____ avec Pierre.
4. Les amies _____ à la boutique.
5. Ils ne _____ pas au musée.
6. Je _____ à l'école.

C. Complete the following sentences with the correct pronoun.

1. Voilà Pierre et Michel. _____ vont au lycée.
2. Est-ce que _____ vas à Miami?
3. Voilà les filles. _____ vont à bicyclette.
4. _____ allons dans le métro.
5. C'est Laurent. _____ ne va pas au Mexique.
6. Avec qui allez-_____ au musée?

D. Complete the following sentences with the appropriate words: *au, à la, à l',* or *aux.*

1. Nous allons _____ boutique.
2. Pierre va _____ école.
3. Les amis ne vont pas _____ lycée.
4. Il parle _____ sœurs Leroux.
5. Vous allez _____ musée.
6. Ne parlez pas _____ garçons.
7. Vous parlez _____ hommes.
8. Vous parlez _____ fille.

E. Change the sentence according to the model.

La jeune fille est au café.
Il y a une jeune fille au café.

1. La boutique est ici.
2. Les peintures sont dans le musée.
3. La voiture est dans la rue.
4. Le musée est à Paris.
5. Les sandwichs sont dans la cuisine.

1. Est-ce que tu travailles ici?
2. Est-ce qu'il danse?
3. Est-ce que vous marchez?
4. Est-ce qu'elles parlent français?
5. Est-ce que nous sommes en classe?
6. Est-ce que vous êtes américains?

G. Write questions according to the model.

Il est à la maison.
Où est-il?

1. Nous travaillons dans la boutique.
2. Ils vont dans le métro.
3. Elle est dans la chambre.
4. Tu vas dans la cuisine.
5. Ils travaillent dans le salon.
6. Il va au musée.

H. Answer the following questions affirmatively in paragraph form.

Est-ce que c'est aujourd'hui dimanche?
Est-ce que tu vas au musée?
Est-ce que tu vas avec une amie ou avec un ami?
Est-ce que vous allez au cinéma après ça?
Est-ce que vous regardez un film?
Est-ce que c'est un film français ou un film américain?
Est-ce que vous allez au café ensuite?
Est-ce que vous allez à pied, à bicyclette, ou en voiture?

La famille mange.

Alain Keler from EPA

Sixième
Leçon

Vocabulaire

1. L'homme et la femme sont au restaurant.
   C'est un restaurant ancien. *ancient*
   Il y a des fleurs sur la table.
   Il y a de l'eau sur la table. *water*
   La femme regarde le menu.
   L'homme appelle le garçon.
   call

2. Le garçon apporte de la soupe. *brings*
   Il apporte un bifteck et des frites.
   Il apporte de la salade et du pain aussi.
   L'homme et la femme ont faim. *bread*
   hungry

3. L'homme mange du fromage. *eats* *cheese*
   La femme mange une pâtisserie.
   Comme dessert il y a des fruits et des
      tartes.
   Il y a aussi de la crème dans des pots.
   Il y a du café aussi.

4. L'homme demande l'addition.
   Il paie le dîner.
   Le repas est cher. *expensive*

5. L'homme laisse de l'argent sur la table. *leaves* *money* *tip*
   C'est le pourboire pour le garçon.

EXERCICES DE VOCABULAIRE

A. Answer the following questions.

1. Où sont l'homme et la femme?
2. Est-ce que le restaurant est ancien ou moderne?
3. Qu'est-ce qu'il y a sur la table?
4. Qui regarde le menu?
5. Qui appelle le garçon?
6. Qu'est-ce que le garçon apporte?
7. Est-ce qu'il apporte du bifteck et des frites?
8. Est-ce qu'il apporte de la salade aussi?
9. Est-ce que l'homme et la femme ont faim?
10. Qu'est-ce que l'homme mange?
11. Qui mange une pâtisserie?
12. Qu'est-ce qu'il y a comme dessert?
13. Est-ce qu'il y a aussi de la crème?
14. Est-ce qu'il y a du café aussi?
15. Qu'est-ce que l'homme demande?
16. Est-ce que le repas est cher?
17. Qu'est-ce que l'homme laisse sur la table?
18. Pour qui est le pourboire?

B. Form questions according to the model.

> Le pourboire est pour *le garçon*.
> Pour qui est le pourboire?

1. L'homme laisse *un pourboire* pour le garçon.
2. *Le garçon* apporte l'addition.
3. Il apporte *le bifteck*.
4. Il y a des fleurs *sur la table*.
5. *La femme* mange une pâtisserie.

C. True or false?

1. L'homme appelle le fromage.
2. Le dîner est cher.
3. L'homme laisse un pourboire pour le garçon.
4. Comme dessert, la femme mange l'addition.
5. L'homme paie le dîner.
6. Le garçon apporte des fleurs dans la soupe.

La Grand-Place à Bruxelles

Alain Keler from EPA

Structure

Le verbe *avoir*

Troisième personne du singulier

A. Répétez.

Le garçon a des frites.
La fille a une fleur.

B. Répondez.

Est-ce que le garçon a le menu?
Est-ce qu'il a le menu?
Est-ce que la fille a une fleur?
Est-ce qu'elle a une fleur?
Est-ce que l'homme a des frites?
Est-ce que la femme a de l'argent?
Est-ce que la fille a un ami?
Est-ce que le garçon a une amie?

Première personne du singulier

A. Répétez.

J'ai un ami.
J'ai de l'argent.
J'ai une bicyclette.

B. Repondez.

Est-ce que tu as un ami?
Est-ce que tu as une amie?
Est-ce que tu as de l'argent?
Est-ce que tu as un frère?
Est-ce que tu as une sœur?
Est-ce que tu as une voiture?
Est-ce que tu as une bicyclette?
Est-ce que tu as faim?

Deuxième personne du singulier

A. Répétez.

Tu as un copain.
Tu as un frère.
Tu as des amis, n'est-ce pas?
Est-ce que tu as de l'argent?

B. Demandez.

Demandez à un garçon s'il a des sœurs.
Demandez à une fille si elle a un frère.
Demandez à un ami s'il a des amis.
Demandez à une amie si elle a un téléphone.
Demandez à un camarade s'il a une voiture.
Demandez à une camarade si elle a faim.

Troisième personne du pluriel

A. Répétez.

Marie et Chantal ont le menu.
Monsieur et Madame Leroy ont un
    appartement.
Les amis ont faim.

B. Répondez.

Est-ce que Marie et Chantal ont le menu?
Est-ce que Monsieur et Madame Leroy ont un
    appartement?
Est-ce que les amis ont des fleurs?
Est-ce que les garçons ont de la crème?
Est-ce que les hommes ont des frites?
Est-ce que les femmes ont des fruits?
Est-ce que les filles ont du fromage?
Est-ce que les amies ont faim?

Le garçon apporte le dîner.

Première personne du pluriel

A. Répétez.

Nous avons des amis.
Nous avons des sœurs.
Nous avons un professeur.

B. Répondez.

Est-ce que vous avez des livres?
Est-ce que vous avez des sœurs?
Est-ce que vous avez des amis?
Est-ce que vous avez un professeur?
Est-ce que vous avez de l'argent américain?
Est-ce que vous avez un téléphone?
Est-ce que vous avez faim?

Deuxième personne du pluriel

A. Répétez.

Vous avez du bifteck.
Vous avez du fromage.
Vous avez des frites.

Demandez.

Demandez à deux filles si elles ont du bifteck.
Demandez à deux garçons s'ils ont du fromage.
Demandez à deux amies si elles ont des frites.
Demandez à deux amis s'ils ont faim.
Demandez à deux garçons s'ils ont de la soupe.
Demandez à deux filles si elles ont des fruits.

C. Demandez-moi.

Demandez-moi si j'ai une voiture.
Demandez-moi si j'ai une télévision.
Demandez-moi si j'ai faim.

NOTE GRAMMATICALE

The forms of the irregular verb *avoir* are as follows:

singular	plural
j'ai	nous avons
tu as	vous avez
il a	ils ont
elle a	elles ont

Le partitif

du

A. Répétez.

Nous demandons du fromage.
Il mange du bifteck.
Il y a du café.

B. Répondez.

Est-ce que vous demandez du fromage?
Est-ce que l'homme mange du bifteck?
Est-ce qu'il y a du bifteck?
Est-ce qu'il a du chocolat?
Est-ce que tu as du dessert?
Est-ce que tu as du café?

de la

A. Répétez.

Je mange de la pâtisserie.
Nous avons de la soupe.
Tu as de la salade.
Il y a de la musique.

B. Répondez.

Est-ce que tu manges de la pâtisserie?
Est-ce que vous avez de la soupe?
Est-ce que tu as de la salade?
Est-ce qu'il y a de la musique?
Est-ce que tu as de la crème?
Est-ce qu'il y a de la place?

de l'

A. Répétez.

Il y a de l'eau sur la table.
J'ai de l'argent.

B. Répondez.

Est-ce qu'il y a de l'eau sur la table?
Avez-vous de l'argent?
Avez-vous de l'eau?
Est-ce que le garçon a de l'argent?

C. Choisissez.

Est-ce que tu demandes de la pâtisserie ou du
    fromage?
Est-ce que tu manges du bifteck ou de la
    salade?
Est-ce que tu as de la limonade ou de l'eau?
Est-ce qu'il y a de la soupe ou du café?

des

A. Répétez.

Il y a une fleur. Il y a des fleurs.
J'ai un frère. J'ai des frères.
J'ai une sœur. J'ai des sœurs.

B. Répondez.

Est-ce qu'il y a des fleurs?
Est-ce que tu as des amis?
Est-ce que tu demandes des fruits?
Est-ce que tu manges des frites?
Est-ce que tu manges des pâtisseries?
Est-ce que tu as des frères?
Est-ce qu'il y a des sandwichs sur la table?
Est-ce qu'il y a des voitures dans la rue?

Dans un restaurant   Editorial Photocolor Archives (EPA)

To express the partitive idea "some," the French use the word *de* plus the definite article. Note that when *de* is followed by *le* or *les,* it is contracted into *du* or *des.*

$$de + la = de\ la$$
$$de + l' = de\ l'$$
$$de + le = du$$
$$de + les = des$$

Study the following.

Voici de la pâtisserie.	Here is (some) pastry.
Voici de l'eau.	Here is (some) water.
Voici du fromage.	Here is some cheese.
Voici des fleurs.	Here are (some) flowers.

La place Brouckère à Bruxelles
Editorial Photocolor Archives (EPA)

Conversation
Au restaurant

GARÇON:	Voilà le menu, Monsieur.
GUILLAUME:	Ah, merci.
	Deux biftecks avec des frites, s'il vous plaît.
GARÇON:	Bien, Monsieur.
ODILE:	Et de la salade, s'il vous plaît.
GUILLAUME:	Qu'est-ce que vous avez comme dessert?
GARÇON:	Nous avons du fromage, des fruits et des pâtisseries.
ODILE:	Est-ce que vous avez des tartes?
GARÇON:	Oui, Mademoiselle. Nous avons des tartes à la crème.
GUILLAUME:	Des tartes à la crème et du café, s'il vous plaît.
GARÇON:	Très bien, Monsieur.

QUESTIONS

1. Est-ce que le garçon apporte le menu?
2. Qui demande deux biftecks?
3. Qui demande de la salade?
4. Qu'est-ce qu'il y a comme dessert?
5. Est-ce qu'il y a aussi des tartes?
6. Qu'est-ce que Guillaume demande?

SONS ET SYMBOLES

é	er	ez	ed, et
café	dîner	payez	pied
musée	janvier	laissez	et
lycée	février	regardez	
métro	payer	demandez	
cinéma	laisser	mangez	
américain	regarder	travaillez	
préparer	demander	décidez	
décider	manger	préparez	
téléphone	travailler	parlez	
télévision	dessiner	arrivez	
intéressant	décider	allez	
décembre	préparer	avez	
février	déclarer		
	réparer		
	parler		
	arriver		

Élision

Comparez.

Je suis . . .	J'ai . . .
Ce sont . . .	C'est . . .
Est-ce que tu . . . ?	Qu'est-ce qu'il . . . ?
Est-ce que vous . . . ?	Qu'est-ce qu'elles . . . ?
Voilà la fille.	Voilà l'amie.
Voilà la rue.	Voilà l'avenue.
Voilà la Française.	Voilà l'Anglaise.
Voilà la classe.	Voilà l'heure.
Voilà le garçon	Voilà l'ami.
Voilà le professeur.	Voilà l'agent.
Voilà le Français.	Voilà l'Américain.
Voilà le père.	Voilà l'homme.

Lecture
À Bruxelles

siège *seat*
Marché commun *Common Market*

Bruxelles, capitale de la Belgique, siège du Marché commun. Ici les gens parlent français. Ils appellent la ville «le Petit Paris.» Visitons Bruxelles avec Antoinette et Colin. Ils traversent maintenant la Grand-Place. La Place a des maisons anciennes magnifiques.

Partout *Everywhere*
un autre *another*
Roi *king*

Partout il y a des fleurs. La Place est comme un musée. Antoinette et Colin visitent un autre musée—la Maison du Roi. Ils regardent une collection de plats et de pots anciens. Colin regarde les ustensiles de cuisine. Il a faim.

Ensuite, les amis vont sur la Place de Brouckère, une place très moderne. Il y a des cinémas, des boutiques et des cafés avec de la musique. Voilà un petit restaurant. Antoinette et Colin regardent

trop *too*
cherchent *look for*

le menu dans la rue. Le restaurant n'est pas trop cher. Ils cherchent une table dans la rue. Colin appelle le garçon. Les copains demandent du bifteck avec des frites, de la salade et du fromage. Le

encore	*still*
gaufres	*waffles*
promenade	*walk*

garçon apporte le repas et ils mangent. Colin a encore faim et il a encore de l'argent. Il demande des gaufres avec de la crème. Les gaufres sont délicieuses. Après le repas il paie l'addition. Il laisse aussi un pourboire pour le garçon.

C'est un après-midi agréable—une promenade dans une ville intéressante et un dîner dans un petit restaurant pittoresque.

QUESTIONS

1. Quelle est la capitale de la Belgique?
2. Qu'est-ce que les gens parlent à Bruxelles?
3. Comment est-ce que les gens appellent la ville?
4. Est-ce que la Grand-Place a des maisons anciennes?
5. Qu'est-ce qu'il y a partout?
6. Quel musée est-ce qu'Antoinette et Colin visitent?
7. Qu'est-ce qu'ils regardent?
8. Est-ce que Colin a faim?
9. Qu'est-ce qu'il y a sur la Place de Brouckère?
10. Est-ce que les amis regardent le menu dans la rue?
11. Est-ce que le restaurant est cher?
12. Qu'est-ce que les amis cherchent?
13. Qui appelle le garçon?
14. Qu'est-ce que les copains demandent?
15. Est-ce que Colin a encore faim?
16. Qu'est-ce qu'il demande?
17. Est-ce qu'il paie l'addition?
18. Est-ce qu'il laisse un pourboire pour le garçon?
19. C'est un après-midi agréable?

Les jeunes gens mangent dans le restaurant.

EXERCICES ÉCRITS

A. Complete the following sentences with an appropriate word.

1. L'_____ est au restaurant. Il regarde le _____.
2. L'homme demande l'_____. Il paie.
3. Il a de l'_____. Il laisse un pourboire.
4. La femme mange beaucoup. Elle a _____.
5. Comme dessert, il y a des _____ et de la _____.
6. Le restaurant n'est pas moderne. Il est _____.
7. Il y a des fleurs _____ la table.

B. Complete the following sentences with the correct form of the verb *avoir.*

1. Elle _____ un frère.
2. Monsieur, vous _____ un ami, n'est-ce pas?
3. Robert et Jean _____ des frites.
4. Nous _____ une voiture.
5. J'_____ faim.
6. Est-ce que tu _____ de l'argent?

C. Choose the correct partitive articles (*du, de la, de l',* or *des*) to complete the following sentences.

1. Il y a _____ fleurs sur la place.
2. Jérôme mange _____ soupe.
3. Il y a _____ hommes et _____ femmes dans le jardin.
4. Comme dessert, nous avons _____ pâtisserie.
5. Voilà _____ fromage et _____ fruits.
6. J'ai _____ argent.
7. Il apporte _____ bifteck et _____ frites.
8. Nous demandons _____ café et _____ salade.

D. Answer the following questions in paragraph form.

Est-ce que tu as de l'argent?
Est-ce que tu as faim?
Est-ce que tu vas au restaurant avec un ami?
Est-ce que vous regardez le menu?
Est-ce que vous demandez des biftecks, des frites, et du fromage?
Est-ce que le garçon apporte les plats?
Comme dessert, est-ce que vous demandez de la pâtisserie?
Est-ce que le garçon apporte l'addition maintenant?
Qui paie l'addition?
Est-ce que le dîner est cher?
Est-ce que vous laissez un pourboire pour le garçon?

Septième
Leçon

Vocabulaire

2. C'est un joueur de football.
   Il joue au football.
   Il a un casque sur la tête.
   Il a les épaules très larges.

1. Au stade, il y a un match entre deux
   équipes rivales.
   L'équipe de l'école a les chandails verts.
   L'autre équipe a les chandails blancs.

3. Guillaume envoie le ballon.
   André saute.
   Il attrape le ballon.

4. Stéphane marque un but.
   Quel joueur!
   L'équipe de Stéphane gagne.

6. C'est une course de bicyclettes.
   Les coureurs escaladent la montagne.
   Ils traversent le fleuve.

5. L'arbitre annonce une pénalité.
   Les gens crient.
   Ils aiment le football.

FINIS

7. C'est l'arrivée de la course.
   Le gagnant a un maillot jaune.

EXERCICES DE VOCABULAIRE

A. Answer the following questions.

1. Est-ce qu'il y a un match de football?
2. Quelle équipe a les chandails verts?
3. Quelle équipe a les chandails blancs?
4. Qui joue au football?
5. Qu'est-ce que le joueur a sur la tête?
6. Est-ce qu'il a les épaules larges?
7. Qu'est-ce que Guillaume envoie?
8. Est-ce qu'André saute?
9. Est-ce qu'il attrape le ballon?
10. Qui marque un but?
11. Quelle équipe gagne?
12. Qui annonce la pénalité?
13. Est-ce que les gens crient?
14. Est-ce qu'ils aiment le football?
15. Est-ce que c'est une course de bicyclettes ou une course à pied?
16. Qu'est-ce que les coureurs escaladent?
17. Qu'est-ce qu'ils traversent?
18. Est-ce que c'est l'arrivée de la course?
19. Le gagnant a-t-il un maillot jaune ou a-t-il un maillot rouge?
20. De quelle couleur est le maillot du gagnant?

B. *Qui est-ce?* Guess who is being described.

1. Il annonce une pénalité.
2. Il a un maillot jaune.
3. Il a un casque sur la tête. Il a les épaules très larges.
4. Ils escaladent la montagne à bicyclette.
5. Il marque un but.

Les joueurs de football français

Alain Keler from EPA

97

Structure

Les verbes qui commencent par une voyelle

Première personne du singulier

A. Répétez.

J'arrive.
J'envoie le ballon.
J'attrape le ballon.

B. Répondez.

Est-ce que tu arrives?
Est-ce que tu attrapes le ballon?
Est-ce que tu envoies le ballon?
Est-ce que tu admires les joueurs?
Est-ce que tu aimes le football?

Troisième personne du pluriel

A. Répétez.

Les garçons arrivent.
Ils arrivent.
Les filles écoutent.
Elles écoutent.

B. Répondez.

Est-ce que les garçons arrivent?
Est-ce qu'ils arrivent?
Est-ce que les filles écoutent?
Est-ce qu'elles écoutent la musique?
Est-ce que Robert et Jacques admirent la peinture?
Est-ce qu'ils aiment les mathématiques?
Est-ce que Monique et Hélène écoutent le professeur?
Est-ce qu'elles invitent les amis?

Première et deuxième personnes du pluriel

A. Répétez.

Nous arrivons.
Vous arrivez.

B. Répondez.

Est-ce que vous arrivez?
Est-ce que vous escaladez les montagnes?
Est-ce que vous aimez la musique?
Est-ce que vous apportez des fruits?
Est-ce que vous écoutez le professeur?

C. Demandez.

Demandez à deux filles si elles arrivent.
Demandez à deux garçons s'ils annoncent l'arrivée.
Demandez à deux amies si elles aiment les sciences.
Demandez à deux amis s'ils écoutent le professeur.
Demandez à deux camarades s'ils apportent les bicyclettes.
Demandez à deux camarades si elles entrent.

Deuxième et troisième personnes du singulier

A. Répétez.

Jeannette arrive.
Elle arrive.
Tu arrives, n'est-ce pas?

B. Répondez.

Est-ce que Jeannette arrive?
Est-ce qu'elle arrive?
Est-ce que Joseph aime le football?
Est-ce qu'il aime le football?
Est-ce que Juliette attrape le ballon?
Est-ce qu'elle attrape le ballon?

Est-ce que Frédéric écoute le professeur?
Est-ce qu'il écoute le professeur?

C. Demandez.

Demandez à un garçon s'il arrive.
Demandez à une fille si elle aime l'école.
Demandez à un garçon s'il écoute le
    professeur.
Demandez à une fille si elle apporte le bifteck.

NOTE GRAMMATICALE

Many French verbs begin with a vowel. With these verbs *je* is
shortened to *j'*. This is called *élision*. Pronounce the following.

> J'arrive.
> J'aime la pâtisserie.
> J'écoute la musique.

When a pronoun ending in *s* is followed by a verb beginning with
a vowel, the *s* is pronounced with a *z* sound. This is called *liaison*.
Pronounce the following.

> Nous arrivons.
> Vous écoutez.
> Ils aiment la musique.

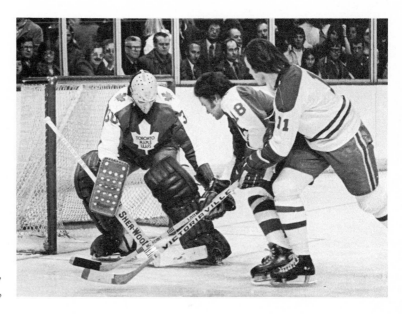

Les joueurs de hockey
United Press International Photo

Négation des verbes qui commencent par une voyelle

A. Répétez.

Je n'arrive pas.
Elles n'écoutent pas.
Nous n'aimons pas la soupe.

B. Répondez négativement.

Est-ce que le professeur arrive?
Est-ce que Marguerite arrête la musique?
Est-ce qu'André annonce le match de football?
Est-ce que Jeanne aime les frites?

Est-ce que les amis aident le professeur?
Est-ce que les garçons invitent les filles?
Est-ce que Gisèle et Élisabeth écoutent la radio?
Est-ce que Grégoire et Guillaume arrivent?

Est-ce que tu arrives?
Est-ce que tu écoutes la musique?
Est-ce que tu invites les amis?
Est-ce que tu apportes le fromage?

Est-ce que vous aimez la soupe?
Est-ce que vous admirez les peintures?
Est-ce que vous attrapez le ballon?
Est-ce que vous écoutez la musique?
Est-ce que vous arrêtez les voitures?

NOTE GRAMMATICALE

The same rules of elision apply in negation. Before a vowel, *ne* is shortened to *n'*. Study the following.

Je ne vais pas au lycée.   Je n'arrive pas au lycée.
Elle ne regarde pas.   Elle n'écoute pas.
Ils ne mangent pas la soupe. Ils n'aiment pas la soupe.

---

de possessif

de, du

A. Répétez.

C'est le ballon de Pierre.
C'est la voiture du docteur.

B. Répondez.

Est-ce que c'est le ballon de Pierre?
Est-ce que c'est la télévision de M. Leblanc?
Est-ce que c'est la bicyclette du garçon?
Est-ce que c'est la voiture du professeur?
Est-ce que c'est le maillot du gagnant?

de, de la

A. Répétez.

C'est le chandail de Marie.
C'est la radio de la fille.

Un cycliste du Tour de France

Bernard Vidal from EPA

B. Répondez.

Est-ce que c'est le ballon de Marie?
Est-ce que c'est la classe de Mme Dubois?
Est-ce que c'est le chandail de la mère?
Est-ce que c'est la maison de la famille?

de l'

A. Répétez.

C'est le ballon de l'équipe.
C'est le bureau de l'employé.

B. Répondez.

Est-ce que c'est le ballon de l'équipe?
Est-ce que c'est la peinture de l'artiste?
Est-ce que c'est la voiture de l'étudiant?
Est-ce que c'est le frère de l'agent?
Est-ce que c'est le chandail de l'élève?
Est-ce que c'est le joueur de l'université?
Est-ce que c'est la couleur de l'école?

C. Répondez.

Est-ce que c'est la chambre de Paulette ou la chambre de Jacques?
Est-ce que c'est le ballon de la fille ou le ballon du garçon?
Est-ce que c'est l'heure de la classe ou l'heure du dîner?
Est-ce que c'est le chandail du frère ou le chandail de la sœur?
Est-ce que c'est l'équipe de l'université ou l'équipe du lycée?
Est-ce que c'est l'adresse du bureau ou l'adresse de l'usine?

NOTE GRAMMATICALE

Possession is expressed by the word *de*. Following are some examples with their English equivalents:

la maison de Pierre	*Peter's house*
la famille de Michel	*Michael's family*
la voiture de la famille	*the family's car*
le chandail du garçon	*the boy's sweater*
l'équipe de l'école	*the school's team*

Note that *de* joins with *le* to form *du*.

Adjectifs interrogatifs *quel, quels, quelle, quelles*

A. Répétez.

Quel jour est-ce?
Quelle heure est-il?
Quel garçon regardes-tu?
Quelle fille invites-tu?

B. Demandez.

Demandez à un ami quel jour c'est aujourd'hui.
Demandez à une amie à quel lycée elle va.
Demandez à un ami quel dessert il demande.
Demandez à une amie à quelle école elle va.
Demandez à un ami quelle pâtisserie il mange.
Demandez à une amie de quelle couleur est le maillot.

C. Répétez.

Quels sports aimes-tu?
Quels amis invites-tu?
Quelles peintures regardes-tu?
Quelles équipes admires-tu?

D. Demandez.

Demandez à une amie quels programmes elle regarde.
Demandez à un ami quelles équipes il admire.
Demandez à une fille quels sports elle aime.
Demandez à un garçon quelles amies il invite.

NOTE GRAMMATICALE

The question word *quel* must agree with the noun it modifies. Study the following.

Quel garçon . . . ?	*Which boy . . . ?*
Quelle fille . . . ?	*Which girl . . . ?*
Quels restaurants . . . ?	*Which restaurants . . . ?*
Quelles maisons . . . ?	*Which houses . . . ?*

Note that the final *s* of *quels* or *quelles* is pronounced *z* before a vowel or a silent *h*.

Quelles équipes . . . ?	*Which teams . . . ?*
Quels hommes . . . ?	*Which men . . . ?*

Note also that the inverted question form is used when the question is introduced by *quel*.

Quelles peintures regardes-tu?

Exclamation *quel*

A. Répétez.

Quel garçon!
Quelle fille!
Quels artistes!
Quelles écoles!

B. Transformez d'après le modèle.

Voilà un garçon.
Quel garçon!

Voilà un joueur.
Voilà une équipe.
Voilà un restaurant.
Voilà une capitale.
Voilà des filles intelligentes.
Voilà des amis intéressants.
Voilà des avenues pittoresques.

NOTE GRAMMATICALE

To express the idea "What a . . .!" the word *quel* is used. Like the question word, it agrees with the noun it modifies.

Quelle fille intelligente!
Quel garçon intelligent!

Conversation
Un Match de football

GRÉGOIRE:	Eh, j'envoie le ballon.
PAUL:	Bon. J'attrape.
GRÉGOIRE:	Ah! Nous avons le ballon!
PAUL:	Attention, ils attaquent!
GRÉGOIRE:	Georges!
GEORGES:	Oui. J'arrive.
L'ARBITRE:	Pénalité. Tu touches avec la main.
GEORGES:	Non. Avec l'épaule!
GRÉGOIRE:	Oh, regarde. Paul marque un but.
GEORGES:	Quel type!

QUESTIONS

1. Qui envoie le ballon?
2. Est-ce que Paul attrape le ballon?
3. Est-ce que l'équipe a le ballon?
4. Est-ce que l'équipe rivale attaque?
5. Qui arrive?
6. Qui annonce une pénalité?
7. Est-ce que l'équipe marque un but?

SONS ET SYMBOLES

ien	ch = sh	silent h	j	l
bien	chambre	homme	je	le
ancien	chandail	hôtel	jour	la
(rien)	dimanche	heure	joueur	lundi
Lucien	chocolat	histoire	jeudi	lycée
Julien	chez	historique	janvier	elle
	(chaque)	Hélène	juin	il
	touche	Henri	juillet	quel
	Charles		Jérôme	quelle
	Chantal		Jean-Jacques	appelle

l mouillé	gn	qu = k
fille	gagne	qui
famille	gagnant	quel
travaille	montagne	équipe
chandail	(ligne)	question
Guillaume	magnifique	(disque)
Mireille		fantastique
Marseille		quatre
(vieille)		boutique

Les garçons jouent au football.
Robert Rapelye from EPA

104

Lecture
Le Sport

Chaque   *each*

Le football est un sport populaire en Amérique. Chaque école, chaque université a une équipe. Le samedi, tout le monde va au stade. C'est le jour du match. Un garçon envoie le ballon. Un autre garçon attrape le ballon. Robert marque un but. Quel joueur et quelle équipe! L'équipe de Robert gagne le match.

Quels sports aiment les Français? Ils aiment le ski, la bicyclette, et le football. Le football français est différent. Il y a aussi onze joueurs dans une équipe française, mais les joueurs ne touchent pas le ballon avec les mains. Ils attrapent et ils envoient le ballon avec le pied, avec l'épaule ou avec la tête. Si un joueur touche le ballon avec la main, l'arbitre annonce une pénalité.

Si   *If*

La bicyclette est aussi un sport très populaire en France. Chaque année, en juillet, les coureurs cyclistes européens font le tour de France à bicyclette. Ils escaladent les montagnes, ils traversent les villages, les fleuves et les plaines. Quel enthousiasme le jour de l'arrivée à Paris! Le gagnant arrive. Il a le maillot jaune. Il a des fleurs aussi. C'est l'un des héros du sport européen.

année   *year*
font le tour   *take a tour*

hockey sur glace	*ice hockey*
passionnant	*thrilling*
comme	*as*
le même	*the same*

Au Canada, le sport national est le hockey sur glace. C'est un sport passionnant. Les «Canadiens» de Montréal sont l'équipe favorite.

Le sport passionne les gens en France comme en Amerique. En Amérique, les gens crient: «Go, go, go!» En France, les gens crient: «Vas-y! Vas-y!» Partout l'enthousiasme est le même.

QUESTIONS

1. Quels sont les sports populaires en Amérique?
2. Quelle école, quelle université a une équipe de football?
3. Qui va au stade le samedi?
4. Pourquoi est-ce que les gens vont au stade le samedi?
5. Comment jouent les garçons?
6. Est-ce qu'un joueur marque un but?
7. Quelle est l'équipe qui gagne le match?
8. Quels sports aiment les Français?
9. Est-ce que le football américain et le football français sont les mêmes?
10. Combien de joueurs est-ce qu'il y a dans une équipe française?
11. Est ce-que les joueurs touchent le ballon avec la main?
12. Comment est-ce qu'ils attrapent le ballon?
13. Comment est-ce qu'ils envoient le ballon?
14. Qui annonce une pénalité?
15. Quel autre sport est populaire en France?
16. Quels coureurs font le tour de France à bicyclette?
17. Qu'est-ce que les coureurs escaladent?
18. Où arrive le gagnant de la course?
19. De quelle couleur est le maillot du gagnant?
20. Est-ce que le gagnant est un héros?
21. Quel est le sport national du Canada?
22. Est-ce que le hockey est un sport intéressant?
23. Quelle est l'équipe favorite?
24. Qu'est-ce qui passionne les gens?
25. Est-ce que l'enthousiasme est différent en France et en Amérique?

Le Tour de France

EXERCICES ECRITS

A. Complete the following sentences with an appropriate word.

1. Un joueur _____ le ballon. Un _____ joueur attrape le ballon.
2. Le joueur a un casque sur la _____.
3. L'_____ de l'école marque un but.
4. C'est l'arrivée de la _____.
   Le _____ a un maillot jaune.
5. Robert marque un but. L'équipe de Robert _____.
6. Les coureurs _____ la montagne.

B. Answer the following questions in the affirmative, using subject pronouns.

1. Est-ce que tu écoutes la musique?
2. Est-ce que vous attrapez le ballon?
3. Est-ce que les gens admirent l'équipe?
4. Est-ce que les filles invitent les garçons?
5. Est-ce que les professeurs arrivent?

C. Choose the appropriate word to complete the following sentences.

1. (Je, J') invite une amie.
2. Il (ne, n') envoie pas la lettre.

3. (Je, J') (ne, n') aime pas les frites.
4. Tu (ne, n') regardes pas.
5. Nous (ne, n') allons pas à Paris.
6. Vous (ne, n') payez pas l'addition.

D. Answer the following questions in the negative.

1. Est-ce que tu attrapes le ballon?
2. Est-ce que tu écoutes la musique?
3. Est-ce que les filles aiment la peinture?
4. Est-ce que le garçon est blond?
5. Est-ce que la fille admire le chandail?

E. Write a sentence expressing possession, according to the model.

Michel a des maillots.
Voilà les maillots de Michel.

1. La fille a un chandail.
2. Pierrette a un frère.
3. Le garçon a une famille.
4. Richard a une amie.
5. L'artiste a des peintures.

F. Supply the correct form of the question word *quel* to complete the following.

1. _____ garçon regardes-tu?
2. Dans _____ classe allez-vous?
3. À _____ garçon parlez-vous?

4. De _____ couleur est le chandail?
5. _____ filles invites-tu?
6. _____ jour est-ce aujourd'hui?

G. Supply the correct form of the exclamation *quel*, according to the model.

Voilà une question.
Quelle question!

1. C'est une école. _____ école!
2. Voilà un joueur. _____ joueur!
3. J'admire les artistes. _____ artistes!
4. Nous écoutons de la musique. _____ musique!
5. J'ai un ami. _____ ami!

H. Rewrite the following paragraph, changing *nous* to *je*.

Nous allons à l'école le samedi. Nous ne travaillons pas le samedi. Nous jouons au football. Nous avons un ballon. Marc envoie le ballon. Mais nous n'attrapons pas le ballon. Georges et Grégoire attaquent. Ils arrivent. Grégoire attrape le ballon. Maintenant nous attaquons. Grégoire envoie le ballon à Georges. Nous attrapons le ballon. Nous allons au but. Nous marquons un but pour l'équipe. Nous aimons beaucoup le football.

Huitième
Leçon

Vocabulaire

1. L'hiver est une saison froide.
   Il neige.
   Il fait froid en hiver.
   Les jeunes gens patinent sur la glace.
   Le traîneau glisse sur la neige.

2. C'est une station de sports d'hiver.
   Les skieurs sont devant la cabine.
   Les skieurs montent en haut de la
      montagne.
   Ils skient vite.
   En haut de la montagne, la vue est jolie.

3. Marie skie bien.
   Elle a des skis et des bâtons.
   Édouard ne skie pas bien.
   Il oublie les bâtons.
   Il n'a pas de bâtons.
   Guillaume tombe.

4. Dans l'hôtel, il fait chaud.
   Les jeunes gens écoutent des disques.
   Il y a du feu dans la cheminée.
   Marie-Claire a une jambe cassée.
   Elle n'a pas de chance.
   Elle est fatiguée.

5. La ville célèbre un festival.
   C'est la fête du Bonhomme Carnaval.
   Il y a de la lumière.
   Il y a du bruit.
   Les élèves n'étudient pas.

EXERCICES DE VOCABULAIRE

A. Answer the following questions.

1. Est-ce que l'hiver est une saison chaude ou une saison froide?
2. Neige-t-il en hiver?
3. Fait-il froid en hiver?
4. Qui patine?
5. Est-ce que les gens vont dans le métro, ou est-ce qu'ils vont en traîneau?
6. Est-ce qu'il y a des skieurs devant la cabine?
7. Où montent les skieurs?
8. Est-ce qu'ils skient vite?
9. La vue est-elle jolie?
10. Est-ce que Marie a des skis et des bâtons?
11. Est-ce qu'Édouard skie bien?
12. Qu'est-ce qu'il oublie?
13. Est-ce qu'il a des bâtons?
14. Qui tombe?
15. Est-ce qu'il fait froid ou est-ce qu'il fait chaud à l'hôtel?
16. Qu'est-ce que les jeunes gens écoutent?
17. Qu'est-ce qu'il y a dans la cheminée?
18. Est-ce que Marie-Claire a une jambe cassée?
19. Est-ce qu'elle a de la chance?
20. Qu'est-ce que la ville célèbre?
21. Est-ce qu'il y a de la lumière et du bruit?
22. Est-ce que les élèves étudient?

B. Complete the following with an appropriate word.

1. L'_____ est une saison froide.
2. Les _____ jouent dans la neige.
3. La fille ne skie pas bien. Elle _____.
4. Il y a du _____ dans la cheminée.
5. Elle skie avec des skis et des _____.

C. True or false.

1. La neige est froide.
2. Ils patinent sur la neige.
3. Elle a une jambe cassée. Elle a de la chance.
4. Il y a du feu dans la cheminée.
5. Elle skie à bicyclette.

Les jeunes gens skient au Canada.

Arthur Sirdofsky from EPA

Montréal   Arthur Sirdofsky from EPA

Structure

Les verbes qui se terminent par un son de voyelle

Les formes du singulier

A. Répétez.

Il skie.
J'étudie.
Tu continues.

B. Répondez.

Est-ce que le champion skie?
Est-ce que la fille skie?
Est-ce que le public crie?
Est-ce que la femme oublie l'argent?
Est-ce que la musique continue?
Est-ce que la neige continue?
Est-ce que tu skies bien?
Est-ce que tu oublies le chandail?
Est-ce que tu continues?
Est-ce que tu étudies?

C. Demandez et répondez.

Demandez à une fille si elle skie.
Demandez à Daniel s'il skie bien.
Demandez à un garçon s'il oublie le disque.
Demandez à un ami s'il étudie.
Demandez à une amie si elle étudie.
Demandez à une camarade si elle continue.
Demandez à un camarade s'il continue à skier.

Troisième personne du pluriel

A. Répétez.

Les champions skient.
Ils skient.
Les gens crient.
Ils crient.
Les filles continuent.
Elles continuent.

B. Répondez.

Est-ce que les champions skient?
Est-ce que les championnes skient bien?
Est-ce que les gens crient?
Est-ce que les élèves crient?
Est-ce que les professeurs crient?
Est-ce que les filles oublient la leçon?
Est-ce que les skieurs oublient les bâtons?
Est-ce que les garçons continuent la lecture?
Est-ce que les exercices continuent?

Première et deuxième personnes du pluriel

A. Répétez.

Nous skions.
Nous crions.
Nous continuons.
Vous étudiez.
Vous oubliez.
Vous continuez.

B. Répondez.

Skiez-vous bien?
Oubliez-vous la leçon?
Étudiez-vous chaque jour?
Continuez-vous la lecture?

C. Demandez.

Demandez à deux garçons s'ils oublient la leçon.
Demandez à deux filles si elles oublient les bâtons.
Demandez à deux amis s'ils skient.
Demandez à deux amies si elles skient au Canada.
Demandez à deux amis s'ils crient.
Demandez à deux amies si elles continuent.

D. Demandez-moi.

Demandez-moi si j'oublie le chandail.
Demandez-moi si j'étudie.
Demandez-moi si je skie.

NOTE GRAMMATICALE

Note that some verbs end with a pronounced vowel sound -*i* or -*u*.
In written form, the endings are the same as those of a regular -*er*
verb. Study the following.

crier	**oublier**	**continuer**
je crie	j'oublie	je continue
tu cries	tu oublies	tu continues
il crie	il oublie	il continue
nous crions	nous oublions	nous continuons
vous criez	vous oubliez	vous continuez
ils crient	ils oublient	ils continuent

Les adjectifs qui se terminent par un *e* muet ou par un son de voyelle

A. Répétez.

La fille est jeune.
Les filles sont jeunes.
Le garçon est jeune.
Les garçons sont jeunes.
La blouse est jolie.
Les blouses sont jolies.
Le jardin est joli.
Les jardins sont jolis.

B. Répondez.

Est-ce que la fille est jeune?
Est-ce que le garçon est jeune?
Est-ce que la maison est jolie?
Est-ce que le jardin est joli?
Est-ce que la jambe est cassée?
Est-ce que le pied est cassé?
Est-ce que les leçons sont difficiles?
Est-ce que les exercices sont difficiles?
Est-ce que les femmes sont fatiguées?
Est-ce que les hommes sont fatigués?

La rue du Trésor à Québec   Arthur Sirdofsky from EPA

NOTE GRAMMATICALE

In spoken French, adjectives that end in a vowel or silent *e* do not change sound.

In written form, adjectives that end in a silent *e* have no change in the feminine. An *s* is added to form the plural.

un homme célèbre   une femme célèbre
des hommes célèbres   des femmes célèbres

Adjectives that end with a vowel other than a silent *e* add *e* to form the feminine and *s* to form the plural.

un homme fatigué   une femme fatiguée
des hommes fatigués   des femmes fatiguées

Remember that all four forms of the adjective sound the same.

Le partitif négatif

A. Répétez.

Je n'ai pas de skis.
Nous n'avons pas d'argent.
Il n'y a pas de neige.

B. Répondez négativement.

Est-ce qu'il y a de la neige?
Est-ce qu'il y a de la lumière?

Est-ce qu'il y a du bruit?
Est-ce qu'il y a des frites?
Est-ce qu'il y a des hôtels?
Est-ce qu'il y a de la glace?
Est-ce que tu as du café?
Est-ce que tu as des skis?
Est-ce que tu as de la chance?
Est-ce que vous avez de l'argent?
Est-ce que vous avez des disques?
Est-ce que vous avez une voiture?

NOTE GRAMMATICALE

In the negative, the partitive article does not vary. It is *de* for the feminine and the masculine, in both singular and plural. Before words beginning with a vowel, *de* becomes *d'*. Notice the difference between the following positive and negative sentences:

Il y a du feu.   Il n'y a pas de feu.
Il y a de la neige.   Il n'y a pas de neige.
Il y a des skis.   Il n'y a pas de skis (ski).
Il y a des montagnes.   Il n'y a pas de montagnes (montagne).
Il y a de l'argent.   Il n'y a pas d'argent.
Il y a des hôtels.   Il n'y a pas d'hôtels (hôtel).

Conversation
Le Ski

NICOLAS:	Nous skions comme des champions.
NANETTE:	Oui, mais n'allez pas si vite!
VÉRONIQUE:	Regarde! Ils n'ont pas de bâtons. Ils sont fous.
NANETTE:	N'oubliez pas les bâtons!
VÉRONIQUE:	Ils n'écoutent pas.
NANETTE:	Tiens! Ils tombent!
VÉRONIQUE:	Ce n'est pas grave.
NICOLAS:	Pas de jambe cassée.
GÉRARD:	Oui, nous avons de la chance.

1. Est-ce que les garçons skient bien?
2. Est-ce qu'ils ont des bâtons?
3. Qu'est-ce que les garçons oublient?
4. Qui tombe?
5. Est-ce que c'est grave?
6. Est-ce que Gérard et Nicolas ont de la chance?

SONS ET SYMBOLES

The consonant c

c = k (hard c)

ca	co	cu
Canada	comme	cultiver
Carnaval	école	ridicule
café	continuer	masculin
escalade	content	chacun
cassé	couleur	cuisine
américain	écouter	(cuivre)

ç = ss (soft c)

ça	ço	çu
ça	leçon	(reçu)
français	garçon	(déçu)
française	François	(perçu)
(façade)	Françoise	

c = ss (soft c)

ce	ci, cy
cent	ici
glace	cinéma
chance	ancien
France	difficile
célèbre	cycliste
c'est	bicyclette

The consonant g

g = g (hard g)

ga	go	gu
garçon	(gomme)	fatigué
gagnant	(gouvernement)	(langue)
regarde	(gorge)	(guide)
gaufre	Grégoire	(guerre)
élégant		figure

g = zh (soft g)

ge	gi
gens	région
argent	Belgique
agent	(garagiste)
mange	énergie
fromage	Ginette
Georges	Gisèle

Lecture
Québec

vraiment   *truly*

étroites   *narrow*

calèches   *horse-drawn cabs*

enfants   *children*

Quand   *When*

travail   *work*

dans le monde entier   *all over the world*

Québec est une ville européenne sur le continent nord-américain. C'est vraiment une ville «double». Dans la ville moderne il y a du mouvement, du bruit, des lumières, des boutiques et des discothèques. Mais la ville ancienne, riche en histoire, est extrêmement pittoresque. Il y a des rues très étroites avec des maisons anciennes. Il n'y a pas de métro comme à Montréal, mais il y a des calèches très jolies. En hiver, les gens glissent sur la neige en traîneau.

L'hiver est une saison très gaie au Canada. Il neige, bien sûr, et il fait froid, mais les gens sont contents. Les enfants vont à l'école à ski. Ils étudient le français et l'anglais à l'école. Quand il n'y a pas de classes, les enfants oublient vite le travail. Ils patinent sur la glace et ils jouent au hockey, un sport très populaire au Canada. Chaque école, chaque ville et chaque village a une équipe de hockey. Les «Maple Leafs» de Toronto et les «Canadiens» de Montréal sont célèbres dans le monde entier.

		Dans la région de Québec il y a beaucoup de stations de sports d'hiver. Sur la Côte de Beaupré, les skieurs montent dans la cabine.
quelques	*a few*	En quelques minutes ils arrivent en haut du Mont-Sainte-Anne. Quelle vue splendide! Et ici, pas de pollution. L'air est pur. La neige est jolie. Les gens skient avec enthousiasme. Ils tombent, mais ils continuent. Pourquoi pas?
il fait noir	*it is dark*	Le soir, il fait noir sur la montagne. Les skieurs sont fatigués. Ils rentrent à l'hôtel. Devant le feu d'une cheminée, les jeunes gens écoutent des disques. Ils dansent et ils chantent aussi.
		En hiver chaque jour est comme un jour de fête. En février les Québecois célèbrent le Festival d'Hiver. Le Bonhomme Carnaval
La nuit	*At night*	est le héros de la fête. La nuit, les gens dansent dans les rues et
défilent	*parade*	ils défilent avec des torches. C'est vraiment une saison joyeuse.

QUESTIONS

1. Sur quel continent est située la ville de Québec?
2. Qu'est-ce qu'il y a dans la ville moderne?
3. Est-ce que la ville ancienne est riche en histoire?
4. Comment est la ville ancienne?
5. Est-ce qu'il y a un métro à Québec?
6. Est-ce que les gens vont en traîneau en hiver?
7. Est-ce que l'hiver est une saison très gaie au Canada?
8. Est-ce qu'il neige et est-ce qu'il fait froid?
9. Comment les enfants vont-ils à l'école?
10. Qu'est-ce que les enfants canadiens étudient?
11. Quand il n'y a pas de classes, qu'est-ce qu'ils oublient?
12. Est-ce qu'ils patinent?
13. Est-ce qu'ils jouent au hockey?
14. Quelles équipes de hockey sont célèbres dans le monde entier?
15. Est-ce qu'il y a des stations de sports d'hiver dans la région de Québec?
16. Comment est la vue en haut du Mont-Sainte-Anne?
17. Est-ce qu'il y a de la pollution?
18. Est-ce que les skieurs tombent?
19. Le soir, est-ce qu'il fait noir sur la montagne?
20. Où rentrent les skieurs?
21. Qu'est-ce qu'ils écoutent devant le feu d'une cheminée?
22. Quel festival est-ce que les Québecois célèbrent en février?
23. Qui est le héros de la fête?
24. La nuit, est-ce que les gens dansent dans les rues?
25. Est-ce qu'ils défilent avec des torches?

Le carnaval à Québec

Bernard Vidal from EPA

EXERCICES ÉCRITS

A. Complete the following sentences with an
   appropriate word.

1. Il fait noir. Il n'y a pas de _____ .
2. La neige n'est pas chaude. Elle est _____ .
3. Les enfants _____ sur la glace.
4. Il ne skie pas bien. Il _____ beaucoup.
5. Le _____ glisse sur la neige.
6. Robert a des skis et des _____ .
7. Elle a une _____ cassée.
8. Il y a du feu dans la _____ .

B. Complete the verbs in the following sentences with
   the correct endings.

1. Elles étudi_____ le français.
2. Est-ce que vous ski_____ bien,
   Monsieur?
3. Nous continu_____ la promenade.
4. Vous ne cri_____ pas en classe, n'est-ce
   pas?
5. Qu'est-ce que tu oubli_____?
6. J'oubli_____ l'heure du dîner.
7. Le bébé cri_____ .

Des jeunes gens à Québec

C. Complete the following sentences with the correct form of the adjective.

1. La table est cassée. Le disque est _____ aussi.
2. Les hôtels sont jolis. Les montagnes sont _____ aussi.
3. Le garçon est jeune. La fille est _____ aussi.
4. Le film est magnifique. La vue est _____ aussi.
5. La fille est fatiguée. Les garçons sont _____ aussi.

D. Rewrite the following sentences in the negative, according to the model.

Il y a de la glace.
Il n'y a pas de glace.

1. Le skieur a des bâtons.
2. J'apporte de la soupe.
3. La famille a de l'argent.
4. Nous demandons du café.
5. Il y a du bruit.

E. Answer the following questions in paragraph form.

Est-ce que tu vas à la montagne en hiver?
Est-ce qu'il y a beaucoup de skieurs à la montagne?
Est-ce que tu as des skis et des bâtons?
Est-ce que tu montes dans la cabine?
Est-ce que tu regardes la vue quand tu arrives en haut?
Est-ce que la vue est magnifique?
Est-ce que la neige est jolie?
Est-ce que tu skies?
Est-ce que tu skies bien?
Est-ce que tu tombes?
Est-ce que les amis tombent aussi?
Est-ce qu'une fille a une jambe cassée?
Est-ce que tu aides la fille?
Est-ce que vous rentrez à l'hôtel?
Est-ce que tu es fatigué?
Est-ce qu'il fait chaud à l'hôtel?
Est-ce que tu danses avec des amis?
Est-ce que vous écoutez de la musique?

Québec

A. **Solve the following crossword puzzle.**

1	2		3	4		5		6		7	
8			9								
10			11				12				13
14		15				16				17	
18			19	20				21	22		
			23				24				
	25	26				27					28
29						30			31		
		32	33								
34							35				
		36				37					
38				39				40			

Horizontalement

1. Le joueur de football a les _____ très larges.
6. Vous payez beaucoup. Le dîner est _____.
8. Article défini
9. Il _____ va pas au lycée.
10. _____ France, les gens aiment le football.
11. Tu _____ les montagnes.
14. Où _____-tu?
16. Avez-vous _____ fruits?
17. Demandez à Jeannette _____ elle a une voiture.
18. Étudiant
21. Elle est françai_____.
23. Je vais _____ _____ boutique.
24. Hommes, femmes, garçons, filles
25. Singulier de *vous*
27. Article défini
29. Pluriel de *le*
30. Je paie avec de l'_____.
32. Le garçon écoute les disques. _____ aime la musique.
34. Les gens regardent des films au _____.
35. Ils _____ une bicyclette.
36. Tu _____ intelligent.
37. Les gens regardent des matchs _____ Amérique.
38. Édouard _____ Thomas sont ici.
39. Le joueur marque un _____.
40. Il a un casque sur la _____.

Verticalement

1. Étudiant
2. L'arbitre annonce une _____.
3. J'ai _____ voiture.
4. _____ garçons vont au cinéma.
5. Les gens regardent les matchs de football au _____.
7. Monsieur, vous _____ très grand.
12. Ils gagnent _____ match.
13. _____ vous plaît.
15. Jeannette est anglai_____.
19. Où _____-t-il?
20. Féminin de *il*
22. La boutique est _____ face du cinéma.
24. Le _____ travaille dans un restaurant.
26. Il ne travaille pas dans un bureau; il travaille dans une _____.
28. Au musée il y a une _____ de Washington.
29. École secondaire
31. Il y a un match _____ deux équipes.
33. Pluriel de *la*
37. Paul _____ Marie vont au cinéma.

B. Can you find 23 words relating to food and beverages in this crucigram?

M	E	A	U	I	F	R	O	M	A	G	E
U	L	E	X	F	R	I	T	E	S	P	A
S	A	T	S	O	U	P	E	R	I	A	L
E	B	O	C	U	I	S	I	N	E	T	S
D	I	N	E	R	T	U	G	F	A	I	M
E	F	C	L	A	M	A	N	G	E	S	E
S	T	A	R	T	E	N	T	R	U	S	C
S	E	F	E	P	N	G	L	A	C	E	R
E	C	E	P	O	U	R	B	O	I	R	E
R	K	L	A	T	A	B	L	E	N	I	M
T	U	E	S	A	L	A	D	E	T	E	E
O	T	R	E	S	T	A	U	R	A	N	T

1. FROMAGE
2. FRITES
3. SOUPE
4. CUISINE
5. DINER
6. FAIM
7. MANGE
8. TARTE
9. glace
10. Pourboire
11. TABLE
12. SALADE
13. Restaurant
14. Dessert
15. bifteck
16. CAFE
17. Repas
18. fruit
19. Patisserie
20.
21.
22.
23.

Neuvième
Leçon

Vocabulaire

1. L'écrivain habite dans un village
   pittoresque.
   Il a un livre.
   Le village est perché en haut de la
   montagne.
   Le peintre dessine le paysage.
   Le soleil est brillant.
   Le ciel est bleu.

2. La plage est près de la mer.
   La lune est brillante.

3. Les hommes sont dans les champs.
   Ils cultivent des légumes.

4.   L'usine fabrique du parfum avec des fleurs.

5.   Les amis campent près de la rivière.
     Les poissons sautent dans l'eau.
     Un garçon a une ligne.
     Une fille attrape une truite.
     Un garçon allume le feu avec des
        allumettes.

EXERCICES DE VOCABULAIRE

A. Answer the following questions.

1. Où habite l'écrivain?
2. Est-ce que le village est en haut de la montagne?
3. Qui dessine le paysage?
4. Est-ce que le soleil est brillant?
5. Est-ce que le ciel est bleu?
6. Où est la plage?
7. Est-ce que la lune est brillante?
8. Où sont les hommes?
9. Qu'est-ce qu'ils cultivent?
10. Avec quoi est-ce que l'usine fabrique du parfum?
11. Où campent les amis?
12. Qu'est-ce qui saute dans l'eau?
13. Est-ce qu'un garçon a une ligne?
14. Qu'est-ce que la fille attrape?
15. Est-ce qu'un garçon allume le feu?

B. Complete the following sentences with an appropriate word.

1. Le _____ dessine le paysage.
2. La _____ est près de la mer.
3. J'attrape un _____; c'est une truite.
4. Le garçon _____ le feu.
5. Les hommes cultivent des légumes dans les _____ .

C. True or false.

1. Les poissons skient dans l'eau.
2. L'usine fabrique du parfum avec des fleurs.
3. Le garçon allume le feu avec un disque.
4. Les amis campent près de la rivière.

Le paysage provençal

Alain Keler from EPA

Structure

aller avec l'infinitif

A. Répétez.

Je vais manger.
Il va travailler.
Allez-vous jouer au football?

B. Répondez.

Va-t-elle attraper une truite?
Va-t-il travailler?
Est-ce qu'il va neiger?
Vont-ils étudier?
Vont-elles aller en Provence?
Vas-tu manger?
Vas-tu glisser?
Vas-tu skier?
Allez-vous jouer au football?
Allez-vous camper?

C. Répondez d'après le modèle.

Neige-t-il aujourd'hui?
Non, mais il va neiger demain.

Travaille-t-il aujourd'hui?
Joue-t-elle aujourd'hui?

Mangent-ils aujourd'hui?
Étudient-elles aujourd'hui?
Tombes-tu aujourd'hui?
Payez-vous aujourd'hui?
Gagnez-vous aujourd'hui?

D. Demandez.

Demandez à une fille si elle va gagner la course.
Demandez à un garçon s'il va parler avec le professeur.
Demandez aux filles si elles vont écouter des disques.
Demandez aux garçons s'ils vont patiner.
Demandez à Monsieur Leroy s'il va sauter dans la rivière.
Demandez à Mademoiselle Lebrun si elle va danser.

NOTE GRAMMATICALE

The future can be expressed by using the verb *aller* with an infinitive. This is equivalent to the English "to be going to. . . . " Compare the following sentences.

Je mange.	Je vais manger.
Il neige.	Il va neiger.
Tu vas à Québec.	Tu vas aller à Québec.

Les pronoms accentués

moi, toi

A. Répétez.

C'est moi.
C'est toi.
Le dîner est pour moi.
L'addition est pour toi.

B. Transformez d'après le modèle.

> J'ai de l'argent.
> L'argent est pour moi.

J'ai une bicyclette.
J'ai un disque.
J'ai une peinture.
J'ai un casque.

Tu as une table.
Tu as un livre.
Tu as un chandail.
Tu as une voiture.

lui, eux

A. Répétez.

C'est Robert. C'est lui.
Je vais chez Pierre. Je vais chez lui.
Ce sont les garçons. Ce sont eux.
Le ballon est pour les garçons. Le ballon est
   pour eux.

B. Répondez avec un pronom accentué.

Est-ce que c'est Robert?
Est-ce que c'est Pierre?
Est-ce que la bicyclette est pour le garçon?
Est-ce que tu parles avec André?
Est-ce que tu vas chez Robert?

Est-ce que ce sont les garçons?
Est-ce que ce sont Pierre et Robert?
Est-ce que les livres sont pour les garçons?
Est-ce que tu skies avec les garçons?

elle, elles

A. Répétez.

C'est Marie. C'est elle.
Je parle avec Anne. Je parle avec elle.
Ce sont les filles. Ce sont elles.
Le disque est pour les filles. Le disque est pour
   elles.

B. Répondez avec un pronom accentué.

Est-ce que c'est Valérie?
Est-ce que tu parles avec Barbara?
Est-ce que le disque est pour Marie?
Est-ce que tu vas chez Marinette?

Est-ce que ce sont les filles?
Est-ce que le livre est pour les filles?
Est-ce que tu patines avec les filles?
Est-ce que tu vas chez Marie et Barbara?

Les gens vont à la pêche.

Hubert Josse / EPA

nous, vous

C'est nous.
Les amis arrivent chez nous.
Les skis sont pour nous.
C'est vous.
Les amis arrivent chez vous.
Les bâtons sont pour vous.

B. Tranformez d'après le modèle.

> Nous avons des gaufres.
> Les gaufres sont pour nous.

Nous avons des livres.
Nous avons des allumettes.
Nous avons des légumes.
Nous avons des bicyclettes.

Vous avez des fleurs.
Vous avez du parfum.
Vous avez du poisson.
Vous avez du fromage.
Vous avez de la glace.

C. Choisissez. Répondez avec un pronom.

C'est Jacques ou c'est Hélène?
Ce sont les garçons ou ce sont les filles?
C'est Jean-Pierre ou c'est toi?
Est-ce que vous allez chez Robert ou chez Lucette?
Est-ce que l'argent est pour les garçons ou pour les filles?

D. Répétez.

Je travaille. Moi, je travaille.
Nous sommes françaises. Nous, nous sommes françaises.

E. Imitez le modèle.

> Je travaille.
> Moi, je travaille.

Je parle français.
Tu parles anglais.
Nous sommes américains.
Vous avez de l'argent.
Ils sont riches.
Elles sont intelligentes.
Elle est intéressante.
Il attrape le ballon.

NOTE GRAMMATICALE

The stress pronouns *moi, toi, lui, elle, nous, vous, eux, elles* are used in the following cases:

> For emphasis:
> *Moi,* je suis américain.
> After *c'est* or *ce sont:*
> C'est *elle.*
> C'est *nous.*
> Ce sont *eux.*
> Ce sont *elles.*
> After a preposition:
> Nous dînons chez *toi.*
> Les fleurs sont pour *elles.*
> Elle travaille avec *lui.*
> Nous allons avec *vous.*

Oui *et* Si

A. Répétez.

Tu ne travailles pas? Si, je travaille.
Vous n'écoutez pas? Si, nous écoutons.

B. Répondez affirmativement.

Il ne skie pas?
Elle ne tombe pas?
Tu ne danses pas?
Tu ne travailles pas?
Tu ne manges pas?
Tu ne sautes pas dans l'eau?
Vous n'écoutez pas?
Vous ne patinez pas?

En Provence

Alain Keler from EPA

NOTE GRAMMATICALE

There are two ways of saying "yes" in French—*oui* and *si*. *Oui* is used in response to an affirmative question. *Si* is used in response to a negative question. Compare the following.

Tu manges? Oui, je mange.
Tu ne manges pas? Si, je mange.

Il va neiger? Oui, il va neiger.
Il ne va pas neiger? Si, il va neiger.

Les gens jouent aux boules.

Alain Keler from EPA

Conversation
Près de la rivière

ARTHUR:	Qui est-ce?
OLIVIER:	C'est Bruno.
ARTHUR:	Ah, oui. Tu as raison. C'est lui.
OLIVIER:	Regarde. Il attrape un poisson. C'est une truite énorme.
ARTHUR:	Bruno. Tu ne vas pas manger la truite?
BRUNO:	Si. Bien sûr. Pour le dîner.
ARTHUR:	Nous allons dîner avec toi.
BRUNO:	D'accord. Voilà la ligne. Attrapez une autre truite alors.
OLIVIER:	Bon. Moi, je vais allumer le feu avec des allumettes.

QUESTIONS

1. Qui attrape un poisson? Est-ce que c'est Bruno?
2. Bruno ne va pas manger la truite?

3. Qui va dîner avec lui?
4. Qui va attraper une autre truite?
5. Qui va allumer le feu?

SONS ET SYMBOLES

The consonant r

très	Europe	rouge	parfum	livre	noir
trois	garage	rue	parle	mètre	voiture
trop	arrive	riche	garçon	célèbre	au revoir
après	arrivée	rivière	moderne	Louvre	encore
France	américain	rentre	verte	entre	hiver
froid	historique	restaurant		chambre	mère
grand	intéressant	reste			père
brun	terrible	regarde			chère
bruit					vert
truite					admire
près					d'accord
					sœur

The consonant s

s = ss	s = ss	s = z	s = z
sud	danser	saison	ils ont
si	disque	maison	elles arrivent
sur	rester	cuisine	les enfants
sport	espagnol	usine	des amis
ski	restaurant	musée	vous avez
salade	historique	musique	nous allons
stade	université	visiter	ils écoutent
statue	personne	paysage	les hommes
(soleil)	course	télévision	ils habitent

The consonant t

t = t	t = t	t = ss	t = t	th = t
tu	petit	station	question	théâtre
toi	monter	attention	(bastion)	enthousiasme
table	écouter	préparation		discothèque
tour	sauter	conversation		mathématiques
touche	quitter	prononciation		(thé)
tête	matin	collection		Thérèse
trop	inviter	addition		Nathalie
très	boutique	observation		Catherine
travail	frites	portion		Élisabeth
trois	mètre	nation		Théodore

Lecture
La Provence, région de beauté

<table>
<tr><td>sud-est</td><td>*southeast*</td></tr>
<tr><td>jusqu'à</td><td>*to, as far as*</td></tr>
<tr><td>Côte d'Azur</td><td>*Riviera*</td></tr>
</table>

<table>
<tr><td>pêches</td><td>*peaches*</td></tr>
<tr><td>raisins</td><td>*grapes*</td></tr>
<tr><td>abricots</td><td>*apricots*</td></tr>
<tr><td>pays</td><td>*country*</td></tr>
<tr><td>Partout</td><td>*Everywhere*</td></tr>
</table>

La Provence est une région au sud-est de la France. Les montagnes descendent jusqu'à la mer et jusqu'aux jolies plages de la Côte d'Azur. Les villages anciens sont perchés en haut des montagnes.

La Provence est une région de couleurs. La mer et le ciel sont bleus. Les champs des vallées sont verts. Ici les hommes cultivent les légumes et les fruits: pêches, raisins, figues, abricots et, bien sûr, les célèbres melons de Provence. Ce sont les légumes et les fruits qui arrivent aux tables des Français dans le pays entier. Partout il y a des fleurs. Les femmes élégantes du monde entier aiment les parfums français. Les usines de Provence fabriquent les parfums avec les fleurs de la montagne.

La Provence, région de couleurs, est une région favorite des écrivains et des peintres. Les peintures de Cézanne et de Van Gogh

montrent	*show*
passer	*spend*
vacances	*vacation*
antique	*ancient*
digne	*worthy*

montrent la lumière du soleil et les couleurs brillantes du paysage provençal.

Mais des gens comme vous et moi, nous aimons aussi la Provence. Beaucoup de gens vont passer les vacances en Provence. Ils habitent dans les hôtels de la Côte d'Azur ou ils campent dans les champs de cette région où le climat est idéal.

La nuit, dans les théâtres antiques de Nîmes et d'Arles, le public va écouter des opéras classiques ou de la musique moderne. La scène d'un théâtre antique sous une lune brillante est digne d'un artiste. C'est ça la Provence.

QUESTIONS

1. Où est la Provence?
2. Est-ce que les montagnes descendent jusqu'à la mer et jusqu'aux jolies plages de la Côte d'Azur?
3. Où sont perchés les villages anciens?
4. De quelle couleur sont la mer et le ciel?
5. De quelle couleur sont les champs des vallées?
6. Qu'est-ce que les hommes cultivent?
7. Est-ce qu'il y a des fleurs partout?
8. Est-ce que les femmes élégantes aiment les parfums français?
9. Avec quoi est-ce que les usines de Provence fabriquent les parfums?
10. Est-ce que la Provence est une région favorite des écrivains et des peintres?
11. Qu'est-ce que les peintures de Cézanne et de Van Gogh montrent?
12. Est-ce que beaucoup de gens vont passer les vacances en Provence?
13. Où habitent-ils?
14. Où campent-ils?
15. Où est-ce que le public va écouter de la musique?
16. Est-ce que la scène d'un théâtre antique sous une lune brillante est digne d'un artiste?

EXERCICES ÉCRITS

A. Complete the following sentences with an appropriate word.

1. Les hommes travaillent dans les _____.
2. Ils _____ des légumes.
3. Il y a du _____ pour le dîner.
4. Le _____ de Provence est brillant.
5. Il _____ dans un village.

B. Answer with a complete sentence.

1. Est-ce qu'il va attraper un poisson?
2. Est-ce que tu vas préparer le dîner?
3. Est-ce que vous allez étudier?
4. Est-ce qu'elles vont écouter la musique?
5. Vont-ils aller au cinéma?

C. Follow the model.

Maintenant, je regarde la télévision.
Bientôt, je vais regarder la télévision.

1. Maintenant, tu habites à New York.
2. Maintenant, ils arrivent.
3. Maintenant, nous jouons au football.
4. Maintenant, je vais au musée.
5. Maintenant, j'allume le feu.

D. Rewrite the following sentences, substituting pronouns for the italicized words.

1. C'est *Catherine*.
2. Le parfum est pour *les jeunes filles*.
3. Nous allons danser chez *les frères Legros*.
4. Je travaille avec *le professeur*.
5. Les allumettes sont pour *Michel et pour moi*.
6. Les pâtisseries sont pour *Pierre et pour toi*.

E. Write complete answers, according to the model.

Tu ne regardes pas?
Si, je regarde.

1. Il ne travaille pas?
2. Tu ne prépares pas le poisson?
3. Vous n'allez pas skier?

Les arènes à Nîmes   Alain Keler from EPA

4. Tu n'habites pas ici?
5. Vous ne dansez pas?
6. Elle ne regarde pas?

F. Answer the following questions in paragraph form.

Est-ce que tu vas passer des vacances en Provence?
Est-ce que tu vas camper avec des amis (amies)?
Est-ce que vous allez camper près de la rivière?
Est-ce que vous allez attraper des poissons pour le dîner?
Qui va préparer les poissons?
Qui va allumer le feu?
Est-ce que vous allez visiter les usines de parfum?
Est-ce que vous allez écouter de la musique dans les théâtres antiques?
Quelle musique allez-vous écouter?
Êtes-vous un peintre de talent?
Est-ce que vous allez dessiner les paysages de Provence?

PROVENCE

Dixième
Leçon

Vocabulaire

1. C'est la porte numéro 36 dans l'aéroport.
    Le voyageur a une valise.
    L'employé veut les passeports et les billets.
    Le voyageur donne le passeport et le billet
      à l'employé.
    Le voyageur peut passer.

2. C'est l'heure du départ.
    Les passagers sont à bord de l'avion.
    Ils attachent les ceintures.
    L'avion va quitter l'aéroport.
    L'avion va décoller.

3. À l'hôtel les amis ont une chambre avec
      salle de bains.
    Raymond est fatigué du voyage.
    Il est sur le lit.
    Alain reste près de la porte.
    Il regarde le prix de la chambre.
    La chambre est trente francs par jour.
    Elle est deux cent dix francs par semaine.

EXERCICES DE VOCABULAIRE

A. Answer the following questions.

1. Quel est le numéro de la porte?
2. Où est le voyageur?
3. Est-ce qu'il a une valise?
4. Qu'est-ce que l'employé veut?
5. Est-ce que le voyageur donne le billet et le passeport à l'employé?
6. Est-ce qu'il peut passer?
7. Est-ce que c'est l'heure du départ?
8. Est-ce que l'avion va quitter l'aéroport?
9. Est-ce qu'il va décoller?
10. Est-ce que les amis ont une chambre à l'hôtel?
11. Est-ce qu'il y a aussi une salle de bains?
12. Est-ce que Raymond est fatigué du voyage?
13. Est-ce qu'il est sur le lit?
14. Où reste Alain?
15. Qu'est-ce qu'il regarde?
16. Quel est le prix de la chambre?

B. Complete the sentences with an appropriate word.

1. Le voyageur demande la chambre _____ 28.
2. J'ai un _____ d'avion. Je peux voyager.
3. L'avion décolle; les gens crient: «Bon _____ !»
4. Il est fatigué. Il est au _____.
5. Il y a beaucoup d'avions dans l'_____.
6. C'est l'heure du départ. L'avion va _____.

C. Find the word that does not belong in the series.

1. avion/voiture/gaufre/bicyclette/taxi
2. salle de bains/salon/cuisine/disque/ chambre
3. employé / garçon / professeur / docteur / bifteck

À l'aéroport

Structure

Les verbes *vouloir* et *pouvoir*; infinitif de complément

Troisième personne du singulier

A. Répétez.

Juliette veut travailler.
Joseph peut voyager.

B. Répondez.

Est-ce que Juliette veut travailler?
Est-ce que la fille veut chanter?
Est-ce que le garçon veut attraper une truite?
Est-ce que le garçon veut manger?
Est-ce que Joseph peut voyager?
Est-ce que Suzanne peut aller au cinéma?
Est-ce que le père peut payer?
Est-ce que l'enfant peut regarder la télévision?
Est-ce que l'usine peut fabriquer du parfum?
Est-ce que l'avion peut décoller?

Première personne du singulier

A. Répétez.

Je veux jouer.
Je peux payer.

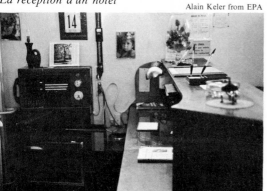

La réception d'un hôtel

Alain Keler from EPA

B. Répondez.

Est-ce que tu veux jouer?
Est-ce que tu veux danser?
Est-ce que tu veux manger?
Est-ce que tu veux parler?
Est-ce que tu peux gagner?
Est-ce que tu peux payer?
Est-ce que tu peux passer?
Est-ce que tu peux chanter?

Deuxième personne du singulier

A. Répétez.

Tu veux jouer.
Tu peux payer.

B. Demandez.

Demandez à un ami s'il veut manger.
Demandez à une amie si elle veut dessiner.
Demandez à un camarade s'il veut aller en avion.
Demandez à une camarade si elle peut payer.
Demandez à un garçon s'il peut dessiner.
Demandez à une fille si elle peut passer.

Troisième personne du pluriel

A. Répétez.

Jean et Robert veulent jouer.
Claudine et Antoinette peuvent payer.

B. Répondez.

Est-ce que Jean et Robert veulent jouer?
Est-ce que les garçons veulent parler français?
Est-ce que les filles veulent sauter dans la neige?
Est-ce que les amies veulent danser?
Est-ce que Claudine et Antoinette peuvent payer?
Est-ce que les filles peuvent aider les garçons?

143

Est-ce que les garçons peuvent escalader la
montagne?
Est-ce que les professeurs peuvent aller en
vacances?
Est-ce que les gens peuvent attraper un poisson?

L'homme passe au contrôle.

Alain Keler from EPA

Première personne du pluriel

A. Répétez.

Nous voulons jouer.
Nous pouvons payer.

B. Répondez.

Est-ce que vous voulez jouer?
Est-ce que vous voulez jouer au football?
Est-ce que vous voulez skier?
Est-ce que vous voulez patiner?
Est-ce que vous voulez voyager?
Est-ce que vous pouvez payer?
Est-ce que vous pouvez fabriquer du parfum?
Est-ce que vous pouvez cultiver des légumes?
Est-ce que vous pouvez apporter les valises?

Deuxième personne du pluriel

A. Répétez.

Vous voulez jouer.
Vous pouvez payer.

B. Demandez.

Demandez à deux filles si elles veulent jouer.
Demandez à deux garçons s'ils veulent monter.
Demandez aux filles si elles veulent aller au
cinéma.
Demandez aux garçons s'ils veulent danser.
Demandez aux jeunes gens s'ils peuvent payer.
Demandez aux jeunes filles si elles peuvent
aider le professeur.
Demandez à Mademoiselle Maupin si elle peut
aller à bicyclette.
Demandez à Monsieur Leclerc s'il peut attraper
l'avion.

vouloir + objet

A. Répétez.

Jacques veut une voiture.
Je veux de l'argent.
Tu veux de la glace.
Nous voulons du fromage.
Vous voulez des allumettes.
Elles veulent des skis.

B. Répondez.

Est-ce que Jacques veut une voiture?
Est-ce que Madeleine veut un passeport?
Est-ce que l'homme veut un billet d'avion?
Est-ce que la femme veut une chambre à
l'hôtel?
Est-ce que les garçons veulent le ballon?
Est-ce que les hommes veulent des casques?
Est-ce que tu veux du Coca-Cola?
Est-ce que tu veux de l'eau?
Est-ce que vous voulez des skis?
Qu'est-ce que vous voulez?

C. Demandez et répondez.

Demandez à une camarade si elle veut de l'argent.

Demandez à un camarade s'il veut une radio.

Demandez aux jeunes gens s'ils veulent du bifteck.

Demandez aux jeunes filles si elles veulent des fruits.

Demandez à une amie ce qu'elle veut.

Demandez à un ami ce qu'il veut.

Demandez-moi ce que je veux.

NOTE GRAMMATICALE

The verbs *vouloir* and *pouvoir* are irregular. Both are conjugated in the same way. The verb *pouvoir* is always followed by an infinitive.

vouloir	**pouvoir**
je veux	je peux
tu veux	tu peux
il veut	il peut
elle veut	elle peut
nous voulons	nous pouvons
vous voulez	vous pouvez
ils veulent	ils peuvent
elles veulent	elles peuvent

Complementary infinitives   Two verbs are sometimes needed to express one thought. The second verb completes the idea begun with the first. The second verb is the complement of the first, and must be in the infinitive. Notice the endings.

Je veux travailler.
Tu peux voyager.

Les Nations unies à Genève
Alain Keler from EPA

145

Infinitif de complément au négatif

A. Répétez.

Je n'aime pas travailler.
Il ne veut pas manger.
Nous ne pouvons pas payer.

B. Répondez négativement.

Est-ce que la fille aime danser?
Est-ce que le garçon veut manger?
Est-ce que les filles peuvent payer?
Est-ce que les garçons aiment voyager?
Aimes-tu écouter les disques?
Aimes-tu travailler?
Aimes-tu regarder la télévision?
Aimes-tu skier?

NOTE GRAMMATICALE

To make a complementary infinitive structure negative, simply make the first verb negative. The infinitive does not change. Compare the following sentences.

Je veux travailler.	Je ne veux pas travailler.
Tu aimes manger.	Tu n'aimes pas manger.
Elles peuvent danser.	Elles ne peuvent pas danser.

Conversation
À Genève

CONCIERGE:	Bonjour, Messieurs. Voulez-vous une chambre?
ÉRIC:	Oui. Nous voulons une chambre à deux lits.
CONCIERGE:	Avec salle de bains?
JEAN-PIERRE:	Oui, avec eau chaude et eau froide.
ÉRIC:	Je veux aussi une vue sur le lac Léman.
JEAN-PIERRE:	À quel prix est la chambre?
CONCIERGE:	Trente francs par jour.
JEAN-PIERRE:	Tu peux payer?
ÉRIC:	Oui. J'ai assez d'argent.
JEAN-PIERRE:	Bon. Nous pouvons rester une semaine.

QUESTIONS

1. Est-ce que les jeunes gens veulent une chambre?
2. Est-ce qu'ils veulent l'eau chaude et l'eau froide?
3. Est-ce qu'ils veulent aussi une jolie vue?
4. À quel prix est la chambre?
5. Est-ce qu'Éric peut payer?
6. Combien de jours peuvent-ils rester à l'hôtel?

Chamonix
Alain Keler from EPA

Lecture
Un Voyage à Genève

l'été	*the summer*

Hélène veut passer l'été avec une famille en France. Elle va traverser l'océan Atlantique en avion. Elle a un billet et un passeport. Avec sa famille elle va à l'aéroport. Elle donne les valises à l'employée de la compagnie d'aviation. Ensuite elle passe au contrôle.

haut-parleur	*loudspeaker*
vol	*flight*

Le haut-parleur annonce: La compagnie aérienne annonce le départ du vol numéro 142 à destination de Genève. Embarcation immédiate par la porte numéro douze, s'il vous plaît.

ravie	*excited*
plus tard	*later*

Hélène est ravie. Après les adieux, elle monte à bord de l'avion et attache la ceinture. Quinze minutes plus tard, l'avion décolle et le voyage commence.

Mais	*but*

Mais pourquoi est-ce qu'Hélène va à Genève si elle veut passer l'été avec une famille en France? Genève est en Suisse, n'est-ce pas?

c'est vrai	*it's true*
siège	*seat*

Oui, c'est vrai. Genève est une ville cosmopolite de Suisse. C'est le siège des Nations unies en Europe. Mais Genève est sur la frontière

149

entre la France et la Suisse. Comme Hélène va passer l'été avec une famille à Chamonix, il est plus facile d'aller directement à Genève. Chamonix n'est pas loin de la frontière suisse.

Chamonix est extrêmement joli. C'est un tout petit village dans une vallée des Alpes. C'est une station de sports d'hiver mais il y a aussi beaucoup de divertissements en été. À Chamonix Hélène et les amis français vont pouvoir escalader les montagnes. Ils vont pouvoir visiter la mer de Glace et aussi le mont Blanc. Même en été il y a de la neige sur le mont Blanc. Le soir ils vont pouvoir aller dans un des petits restaurants du village. Sans doute Hélène va manger une fondue, une spécialité de la région des Alpes.

Huit heures plus tard, l'avion arrive à Genève. Hélène a une lettre de la famille française et la famille va être à l'aéroport. Hélène va passer un été magnifique dans une très jolie région de la France.

QUESTIONS

1. Avec qui est-ce qu'Hélène veut passer l'été?
2. Comment va-t-elle traverser l'océan?
3. A-t-elle un billet et un passeport?
4. À l'aéroport est-ce qu'elle donne les valises à l'employée de la compagnie d'aviation?
5. Ensuite où passe-t-elle?
6. Qu'est-ce que le haut-parleur annonce?
7. Après les adieux, où va Hélène?
8. Est-ce qu'elle attache la ceinture?
9. Est-ce que l'avion décolle?
10. Où est Genève?
11. Est-ce que c'est le siège des Nations unies en Europe?
12. Est-ce que Genève est sur la frontière entre la France et la Suisse?
13. Est-ce qu'Hélène va passer l'été avec une famille à Chamonix?
14. Où est Genève?
15. Où est Chamonix?
16. Est-ce que c'est une station de sports d'hiver?
17. Est-ce qu'il y a beaucoup de divertissements en été?

18. Est-ce qu'Hélène et la famille vont pouvoir escalader les montagnes?
19. Qu'est-ce que les amis vont pouvoir visiter?
20. Est-ce qu'il y a de la neige sur le mont Blanc en été?
21. Où est-ce qu'ils vont pouvoir aller le soir?
22. Est-ce que l'avion arrive à Genève?
23. Est-ce que la famille française va être à l'aéroport?

Le mont Blanc

Alain Keler from EPA

EXERCICES ÉCRITS

A. Complete the following sentences with an appropriate word.

1. Quel est le ＿＿＿ de la chambre? Cinquante francs.
2. Il y a sept jours dans une ＿＿＿.
3. Il a faim. Il ＿＿＿ manger.
4. Elle ne va pas voyager. Elle va ＿＿＿ à la maison.
5. Il va voyager. Il a un passeport et un ＿＿＿.
6. Je veux une chambre à deux ＿＿＿ avec salle de bains.

B. Complete the following sentences with the correct form of the verb *vouloir*.

1. Il ＿＿＿ de l'argent.
2. Je ne ＿＿＿ pas travailler.
3. Est-ce que tu ＿＿＿ de l'eau ou de la limonade?
4. Nous ＿＿＿ aller au cinéma.
5. Elles ＿＿＿ des fleurs.
6. Qu'est-ce que vous ＿＿＿, Monsieur?

151

C. Complete the following sentences with the correct form of the verb *pouvoir*.

1. Est-ce que vous _____ aller au restaurant aujourd'hui?
2. Tu _____ travailler avec moi.
3. Ils _____ chanter.
4. Nous _____ aller au Canada.
5. L'équipe _____ gagner le match.
6. Je _____ rester une heure.

D. Answer the following questions in the affirmative.

1. Est-ce que l'employée veut aller à l'aéroport?
2. Est-ce que les voyageurs peuvent passer?
3. Est-ce que tu aimes dessiner?
4. Est-ce que la jeune fille veut danser?
5. Est-ce que vous allez rester avec nous?

E. Answer the following questions in the negative.

1. Est-ce qu'ils veulent aider le professeur?
2. Est-ce que tu peux aller à pied?
3. Est-ce qu'elle aime patiner?
4. Est-ce que je peux toucher la peinture?
5. Est-ce que l'équipe va jouer aujourd'hui?

F. Answer the following questions in paragraph form.

Est-ce que tu vas voyager?
Est-ce que tu veux aller en Europe?
Quels pays veux-tu visiter?
Est-ce que tu as le billet d'avion?
Est-ce que tu as de l'argent?
Est-ce que tu as un passeport?
Est-ce que tu as les valises?
Comment vas-tu aller à l'aéroport?
Est-ce que le haut-parleur va annoncer le départ de l'avion?
À quelle heure est-ce que l'avion va décoller?
En Europe, est-ce que tu veux habiter à l'hôtel?
Est-ce que tu as une chambre réservée à l'hôtel?
Est-ce que c'est une chambre avec salle de bains?
Quel est le prix de la chambre?
Combien de temps est-ce que tu vas rester à l'hôtel?

Genève
Mont
Blanc
Chamonix

153

Onzième
Leçon

Vocabulaire

1. C'est l'été.
   Il fait chaud.
   Le soleil brille.
   Les jeunes gens sont sur la plage.
   Ils veulent brunir.
   Un garçon rougit.
   Il souffre.
   Il ne bouge pas.
   Il n'ouvre pas les yeux.
   Un homme offre des glaces.
   Une fille choisit une glace au chocolat.
   Une autre fille finit de manger une glace.

2. L'enfant bâtit un château de sable.
   Un autre enfant découvre de l'argent dans
   le sable.
   La femme ouvre la main.
   Les jeunes gens nagent dans la mer.
   Il y a des vagues.
   L'eau est claire.
   Les gens applaudissent les champions de ski
   nautique.

EXERCICES DE VOCABULAIRE

A. Answer the following questions.

1. Quelle saison est-ce?
2. Est-ce qu'il fait chaud en été?
3. Est-ce que le soleil brille?
4. Où sont les jeunes gens?
5. Est-ce qu'ils veulent brunir?
6. Est-ce qu'un garçon rougit?
7. Est-ce qu'il ouvre les yeux?
8. Est-ce qu'il souffre?
9. Qu'est-ce que l'homme offre?
10. Qu'est-ce que la fille choisit?
11. Est-ce qu'une autre fille finit de manger une glace?
12. Qu'est-ce que l'enfant bâtit dans le sable?
13. Qu'est-ce qu'un autre enfant découvre?
14. Qu'est-ce que la femme ouvre?
15. Où est-ce que les jeunes gens nagent?
16. Est-ce que l'eau est claire?
17. Qui est-ce que les gens applaudissent?

B. True or false.

1. Il fait froid en été.
2. Les gens applaudissent les champions.
3. Les jeunes gens nagent dans le sable.
4. L'enfant bâtit un château de sable sur la plage.
5. Il n'ouvre pas les yeux. Il regarde la télévision.

La promenade des Anglais à Nice

Structure

Les verbes en –ir

Troisième personne du singulier

A. Répétez.

Marie choisit.
Elle choisit un maillot.
Charles finit.
Il finit le travail.

B. Répondez.

Est-ce que Marie choisit un livre?
Qu'est-ce qu'elle choisit?
Est-ce que Jacques choisit un chandail?
Est-ce que Charles finit la leçon?
Qu'est-ce qu'il finit?
Est-ce que Charles finit le travail?
Est-ce que l'enfant rougit?
Est-ce qu'Antoine bâtit un château de sable?
Qu'est-ce qu'il bâtit?

Première personne du singulier

A. Répétez.

Je finis.
Je finis le livre.
Je choisis.
Je choisis un chandail.
Je rougis.

B. Répondez.

Est-ce que tu finis la conversation?
Qu'est-ce que tu finis?
Est-ce que tu choisis un chandail?
Qu'est-ce que tu choisis?
Est-ce que tu rougis?
Est-ce que tu applaudis?

Deuxième personne du singulier

A. Répétez.

Est-ce que tu finis le sandwich?
Est-ce que tu choisis des skis?
Qu'est-ce que tu bâtis?

B. Demandez.

Demandez à une fille si elle finit.
Demandez à un garçon s'il finit la conversation.
Demandez à une camarade si elle choisit une amie.
Demandez à un camarade quelle glace il choisit.
Demandez à un ami s'il bâtit une maison.
Demandez à une amie si elle rougit ou si elle brunit.

Troisième personne du pluriel

A. Répétez.

Arthur et Léonard finissent.
Ils finissent la course.
Monique et Laurette choisissent.
Elles choisissent des photos.
Les gens applaudissent.

B. Répondez.

Est-ce que les garçons finissent?
Est-ce qu'ils finissent la course?
Est-ce que les filles finissent la conversation?
Est-ce qu'elles finissent le match de tennis?
Est-ce que les amies choisissent?
Est-ce qu'elles choisissent des photos?
Est-ce que les gens applaudissent?
Est-ce qu'ils applaudissent les champions?

Première personne du pluriel

A. Répétez.

Nous finissons.
Nous choisissons des disques.
Nous applaudissons.

B. Répondez.

Est-ce que vous finissez?
Est-ce que vous finissez l'exercice?
Est-ce que vous finissez le travail?
Est-ce que vous choisissez des amis?
Est-ce que vous choisissez un restaurant?
Est-ce que vous choisissez un hôtel?
Est-ce que vous bâtissez un château de sable?
Est-ce que vous applaudissez le concert?

Deuxième personne du pluriel

A. Répétez.

Vous finissez, n'est-ce pas?
Qu'est-ce que vous choisissez?

B. Demandez.

Demandez à deux filles si elles finissent.
Demandez à deux garçons s'ils choisissent des
    livres.
Demandez à des amis s'ils choisissent des
    disques.
Demandez à des jeunes gens s'ils applaudissent.
Demandez-moi quelle leçon je choisis.
Demandez-moi si je finis la conversation.

Impératif

A. Répétez.

Finis!
Finis la conversation!
Choisissons!
Choisissons un chandail!
Applaudissez!
Applaudissez le champion!

B. Commandez d'après les modèles.

Je finis.
Bon, finis!

Je choisis.
Je choisis un pays.
J'applaudis.

Finissons!
Oui, finissons!

Choisissons!
Finissons la leçon!
Bâtissons un château de sable!

Nous finissons.
D'accord, finissez!

Nous applaudissons.
Nous choisissons un numéro.
Nous finissons tout de suite.

Un hôtel à Nice
Alain Keler from EPA

NOTE GRAMMATICALE

Many verbs have an infinitive ending in *-ir* instead of *-er*. The regular verbs in *-ir* belong to the group called the "second conjugation." *Finir* and *choisir* are typical *-ir* verbs.

	finir	**choisir**
present	je finis	je choisis
	tu finis	tu choisis
	il finit	il choisit
	elle finit	elle choisit
	nous finissons	nous choisissons
	vous finissez	vous choisissez
	ils finissent	ils choisissent
	elles finissent	elles choisissent
imperative	Finis!	Choisis!
	Finissons!	Choisissons!
	Finissez!	Choisissez!

Les verbes irréguliers en *-ir: ouvrir, découvrir, offrir* et *souffrir*

Singulier

A. Répétez.

Elle ouvre les yeux.
Tu souffres du soleil.
Je découvre un océan.

B. Répondez.

Est-ce que le garçon ouvre les yeux?
Est-ce que la fille ouvre la lettre?
Ouvre-t-elle la valise?
Est-ce que le garçon découvre le monde?
Est-ce que la fille découvre de l'argent?
Est-ce que Pierre offre de la glace?
Est-ce que Marie souffre du soleil?

Ouvres-tu les yeux?
Ouvres-tu le livre?
Découvres-tu de l'argent?
Découvres-tu la solution du problème?
Offres-tu du chocolat?
Offres-tu un repas délicieux?
Souffres-tu du soleil?

C. Demandez.

Demandez à une fille si elle offre de la glace.
Demandez à un garçon s'il ouvre la porte.
Demandez à une amie si elle souffre du soleil.
Demandez à un ami s'il ouvre le livre.

Pluriel

A. Répétez.

Ils offrent des fleurs.
Elles découvrent la solution du problème.
Nous souffrons.
Vous offrez du parfum.

B. Répondez.

Est-ce que les hommes offrent des fleurs?
Est-ce qu'ils ouvrent la porte de la voiture?
Est-ce que les jeunes filles découvrent la
    France?
Est-ce que les filles souffrent du soleil?
Est-ce qu'elles offrent du parfum?

Est-ce que vous souffrez?
Est-ce que vous ouvrez l'appartement?

159

Est-ce que vous ouvrez la porte?
Est-ce que vous offrez du parfum?
Est-ce que vous découvrez un fleuve?

C. Demandez.

Demandez à des amies si elles offrent du
    parfum.
Demandez à des amis s'ils ouvrent la valise.
Demandez à des voisins s'ils offrent des
    peintures.
Demandez à des voisines si elles souffrent du
    soleil.
Demandez-moi si j'ouvre les yeux.
Demandez-moi si je découvre un fleuve.

Impératif

A. Répétez.

Ouvre la porte!
Offrons du parfum!
Découvrez la solution!

J'ouvre la main.
Bon, ouvre la main!

J'ouvre la porte.
J'offre des francs.
Je découvre la réponse.

Ouvrons la porte!
D'accord. Ouvrons la porte!

Ouvrons le livre!
Offrons de l'eau!
Découvrons la France!

Nous ouvrons les yeux.
D'accord, ouvrez les yeux!

Nous offrons du café.
Nous ouvrons la porte.
Nous découvrons la Provence.

NOTE GRAMMATICALE

Ouvrir, couvrir, découvrir, offrir, and *souffrir* are irregular verbs.
Although their infinitives end in *-ir,* their present tense and their
imperative are conjugated like the regular *-er* verbs.

	ouvrir	**offrir**
present	j'ouvre	j'offre
	tu ouvres	tu offres
	il ouvre	il offre
	elle ouvre	elle offre
	nous ouvrons	nous offrons
	vous ouvrez	vous offrez
	ils ouvrent	ils offrent
	elles ouvrent	elles offrent
imperative	Ouvre!	Offre!
	Ouvrons!	Offrons!
	Ouvrez!	Offrez!

Conversation
Sur la plage

CHARLOTTE:	Pourquoi est-ce que tout le monde applaudit?
PIERRE:	Regarde le champion de ski nautique.
CHARLOTTE:	Moi, non. Je veux brunir.
PIERRE:	Mais, attention. Tu rougis. Je veux nager. Et toi?
CHARLOTTE:	Bon. D'accord. Il fait chaud. Allons-y. Ah zut! L'eau est froide.
PIERRE:	Non, pas du tout. Ouvre les yeux. Voilà une vague.

QUESTIONS

1. Qu'est-ce que tout le monde applaudit?
2. Est-ce que Charlotte veut regarder le champion?
3. Est-ce qu'elle veut brunir?
4. Est-ce qu'elle rougit?
5. Est-ce que Pierre veut nager?
6. Est-ce qu'il fait chaud?
7. Comment est l'eau?
8. Est-ce qu'il y a une vague?

CÔTE D'AZUR

Lecture
Les Vacances sur la Côte d'Azur

la Manche *the English Channel*
ouest *west*
sud *south*
Chacun *Each one*

endroit *place*
assez grand *pretty big*

de temps en temps *from time to time*

    Les classes en France finissent en juillet. Au mois d'août tout le monde veut aller à la plage. Quelle plage? Une plage de la Manche, au nord? Une plage de l'Atlantique, à l'ouest? Ou une plage de la Méditerranée au sud? Chacun veut découvrir la plage idéale.

    Beaucoup de gens choisissent les plages de la Côte d'Azur, sur la mer Méditerranée. On peut choisir un petit endroit comme Saint-Tropez, ou une assez grande ville comme Nice ou Cannes. Mais partout la scène est la même. Le soleil brille et il fait chaud. Il y a des gens qui restent des heures au soleil. Ils veulent brunir, mais de temps en temps ils rougissent et ils souffrent du soleil. Les enfants bâtissent des châteaux de sable.

    Mais il y a aussi des types sportifs. Sur la plage ils jouent au ballon. Tous les gens applaudissent l'équipe qui gagne. Ils applaudissent aussi les champions de ski nautique. Beaucoup de gens nagent dans l'eau claire de la Méditerranée.

162

terrains de camping *camping grounds*

passent *spend*

boules *lawn bowling*
passent *pass by*
chez soi *home*

Partout il y a des hôtels de luxe et des yachts où les gens riches du monde entier passent des vacances délicieuses. Mais tout le monde n'est pas millionnaire. Il y a aussi des pensions et des terrains de camping. Le soleil brille pour tout le monde. Et le soir, c'est la lune qui brille. Sous la lune les gens aiment marcher sur la promenade des Anglais à Nice. Dans les petits villages ils passent des heures dans un café. Au café ils dansent et ils chantent. Ils jouent aux boules. Ou simplement ils regardent les gens qui passent.

Au mois de septembre tout le monde retourne chez soi bien bronzé après un mois agréable sur la plage.

QUESTIONS

1. Quand finissent les classes en France?
2. Au mois d'août où est-ce que tout le monde veut aller?
3. À quelles plages les gens peuvent-ils aller?
4. Qu'est-ce que chacun veut découvrir?
5. Est-ce que beaucoup de gens choisissent les plages de la Côte d'Azur?
6. Quelles plages peut-on choisir?
7. Est-ce que la scène est la même partout?
8. Est-ce que le soleil brille et est-ce qu'il fait chaud?
9. Est-ce que tout le monde peut brunir?

Un café à Cannes   Alain Keler from EPA

Saint-Tropez   Alain Keler from EPA

10. Est-ce qu'ils rougissent de temps en temps?
11. Est-ce que les gens jouent au ballon?
12. Est-ce que tout le monde applaudit l'équipe qui gagne?
13. Qui est-ce qu'ils applaudissent aussi?
14. Où est-ce que beaucoup de gens nagent?
15. Où est-ce que les gens riches passent les vacances?
16. Est-ce qu'il y a aussi des pensions et des terrains de camping?
17. Est-ce que le soleil brille pour tout le monde?
18. Est-ce que la lune brille le soir?
19. Où est-ce que les gens aiment marcher?
20. Est-ce qu'ils dansent et chantent?
21. Est-ce qu'ils regardent les gens qui passent?

Un hôtel à Cannes
Alain Keler from EPA

EXERCICES ÉCRITS

A. Complete the following sentences with appropriate words.

1. Les garçons _____ dans la mer.
2. Le soleil _____. Il fait chaud.
3. Une fille _____ une glace.
4. L'enfant bâtit un _____ sur la plage.
5. L'explorateur _____ un continent.
6. Il _____ un pourboire au garçon.

B. Complete the verbs in the following sentences with the correct ending.

1. Qu'est-ce que vous chois_____.
2. Ils applaud_____.
3. Tu peux brun_____.
4. Je roug_____.
5. L'enfant bât_____ un château de sable.
6. Nous fin_____ la course.

C. Complete the following verbs with the correct endings.

1. Il offr_____ la main à la jeune femme.
2. Les explorateurs découvr_____ un continent.
3. Je ne vais pas souffr_____.

4. Nous ouvr_____ la porte.
5. Tu offr_____ du parfum.
6. J'ouvr_____ les yeux.

D. Answer the following questions in paragraph form.

Est-ce que tu vas en vacances en été?
Est-ce que tu vas en vacances avec des amis?
Est-ce que vous choisissez une plage à l'ouest de la France?
Est-ce qu'il y a des plages de sable sur la côte Atlantique?
Est-ce que vous découvrez une plage déserte?
Est-ce que vous restez sur la plage?
Est-ce que vous jouez au ballon?
Est-ce que vous bâtissez un château dans le sable comme des enfants?
Est-ce que vous nagez ensuite?
Après ça, est-ce que vous restez au soleil?
Est-ce que vous voulez brunir?
Est-ce que vous écoutez la musique à la radio?
Est-ce que c'est le soir quand vous rentrez au village?
Est-ce que vous allez à un café?
Qu'est-ce que vous demandez au café?

Douzième
Leçon

Vocabulaire

1. Le marchand arabe vend des bijoux et des tapis.
   Il attend les touristes.
   Le touriste prend une photo.
   Il entend parler français.
   D'autres touristes flânent dans les rues étroites.

2. Il y a des palmiers et des gratte-ciel dans l'île.
   L'avion survole les gratte-ciel et les palmiers.

le pays la nation   La Suisse et la France sont des pays.

les produits   les marchandises

la frontière   la ligne entre deux pays

la langue   Le français et l'anglais sont des langues.

Les États-Unis   L'Amérique   Il y a 50 états aux États-Unis.

l'état   Le Massachusetts et la Californie sont des états des États-Unis.

la journée   le jour

comprendre   Il parle anglais. Il comprend les gens qui parlent anglais. Il parle français. Il comprend les gens qui parlent français.

répondre   le contraire de *demander*
          Il répond à la question du professeur.

descendre   le contraire de *monter*
          Le skieur monte en haut de la montagne. Ensuite, il descend.

apprendre   Elle étudie le français. Elle apprend le français.

ressembler   avoir des traits communs avec
          La fille ressemble à sa mère.

loin   le contraire de *près*

facile   le contraire de *difficile*

les Arabes	imaginaire	continuer
le continent	algérien, -ne	retracer
la république	immense	converser
le département	africain, -e	
la résidence	publié, -e	
les Haïtiens	tropical, -e	
la culture	nécessaire	
le film	canadien, -ne	

EXERCICES DE VOCABULAIRE

A.   Answer the following questions.

1. Qu'est-ce que le marchand arabe vend?
2. Est-ce qu'il attend les touristes?
3. Est-ce que le touriste prend une photo?
4. Est-ce qu'il entend parler français?
5. Est-ce que d'autres touristes flânent dans les rues étroites?
6. Qu'est-ce qu'il y a dans l'île?
7. Est-ce qu'un avion survole les gratte-ciel et les palmiers?
8. Est-ce que le Canada est un pays?
9. Quelle langue est-ce qu'on parle aux États-Unis?
10. Dans quel état habitez-vous?
11. Est-ce qu'un Américain comprend l'anglais?
12. Est-ce que l'élève répond aux questions?

B.   Give the opposite of the following.

1. près
2. monter
3. demander
4. difficile

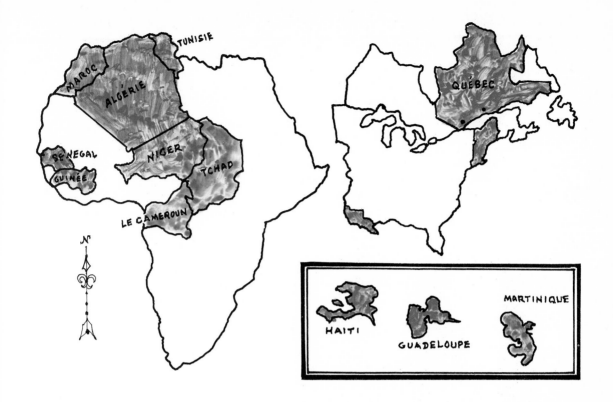

Lecture
Le Français dans le monde

Robert est un garçon américain. Maintenant il apprend le français à l'école. Il veut apprendre le français parce que c'est une langue importante. Comme Robert comprend le français, il peut parler avec les gens de beaucoup des régions du monde, en Europe, en Orient, en Afrique et en Amérique.

fait   *takes*

Robert fait un voyage imaginaire. Il prend l'avion. Il descend à Paris, capitale de la langue française. À l'aéroport de Paris il attend un autre avion. Il entend un homme qui annonce au haut-parleur le départ d'un vol à destination d'Alger. Le voyage imaginaire continue. Quand il descend de l'avion à Alger, il entend beaucoup de gens qui parlent français. Bien sûr, l'Algérie, la Tunisie et le

francophones   *French-speaking*

Maroc, pays de l'Afrique du Nord, sont aussi des pays francophones.

169

toutes sortes	*all kinds*
couscous	*Algerian dish made with a native grain, meat, vegetables and a spicy sauce*
pourquoi	*why*
larges	*wide*
nouvelles	*new*
écrivains noirs	*black writers*
racontée	*told*
mer des Caraïbes	*Caribbean Sea*
fort	*strong*
cette	*this*
atterrit	*lands*
seule	*only*
on	*one*
Nouvelle-Angleterre	*New England*
Pas de doute	*No doubt about it*

Robert flâne dans les rues étroites de la Casbah où les marchands arabes vendent des bijoux et des tapis et toutes sortes de marchandises. Il demande les prix en français et les Arabes répondent en français. Le soir il prend un bon couscous dans un restaurant algérien. Comme c'est délicieux! Maintenant il comprend pourquoi les Parisiens aussi aiment dîner dans les restaurants algériens de Paris.

Robert quitte l'Afrique du Nord et il continue vers le centre de l'immense continent. Est-ce que les gens de Conakry parlent aussi le français? Bien sûr. La ville moderne de Conakry, avec de larges boulevards et des gratte-ciel, est la capitale de la Guinée. Beaucoup de nouvelles républiques africaines comme la Guinée, le Cameroun, le Sénégal, le Niger et le Tchad sont aussi des pays francophones. Nous pouvons apprendre beaucoup sur l'Afrique si nous comprenons le français. Dans les livres des écrivains noirs nous apprenons la culture africaine racontée en français.

Robert reprend l'avion et il survole l'océan Atlantique jusqu'à la mer des Caraïbes. Il passe une journée magnifique sur une jolie plage de la Martinique. Sous le soleil fort de cette île tropicale, les gens conversent gaiement en français. La capitale, Fort-de-France, ressemble à un petit Paris tropical avec des palmiers et des produits tropicaux. La Martinique et la Guadeloupe sont des départements de la France.

De Fort-de-France Robert prend un vol à destination de Miami. L'avion atterrit à Port-au-Prince, capitale d'Haïti. L'Haïti est un pays extrêmement intéressant. C'est la seule république noire du continent américain et la langue du pays est le français.

Mais est-il nécessaire de quitter les États-Unis pour parler français? Pas du tout. Les Cajuns parlent français en Louisiane. Et on entend le français partout à New York où il y a beaucoup de restaurants français et beaucoup de films français dans les cinémas. Oui, New York est la résidence de beaucoup de Français et d'Haïtiens. Le Rhode Island, le New Hampshire, le Massachusetts, le Vermont, le Maine sont des états de la Nouvelle-Angleterre. Mais comme ils sont près de la frontière canadienne, il y a beaucoup de gens qui parlent français. Et comme les villes de Montréal et de Québec ne sont pas loin, il est facile d'aller passer un week-end dans une ville francophone.

Pas de doute. Le français est une langue importante. Si vous comprenez le français, vous pouvez voyager de Québec à Saigon et à Conakry. Vous pouvez comprendre les différents aspects de la culture humaine.

QUESTIONS

1. Est-ce que Robert apprend le français à l'école?
2. Comme il comprend le français, avec qui est-ce qu'il peut parler?
3. Est-ce qu'il fait un voyage imaginaire?
4. Où descend-il?
5. Est-ce qu'il attend un autre avion?
6. Qu'est-ce qu'un homme annonce au haut-parleur?
7. Quels pays de l'Afrique du Nord sont des pays francophones?
8. Où est-ce que Robert flâne?
9. Qu'est-ce que les marchands arabes vendent?
10. Est-ce que les Arabes parlent français?
11. Qu'est-ce que Robert prend dans un restaurant algérien?
12. Qu'est-ce qu'il comprend maintenant?
13. Est-ce que les gens de Conakry parlent français?
14. Qu'est-ce qu'il y a dans les villes modernes de Conakry?
15. Quels sont d'autres pays francophones?
16. Qu'est-ce que nous apprenons dans les livres des écrivains noirs?
17. Où va Robert maintenant?
18. Où passe-t-il une journée magnifique?
19. À quoi ressemble la capitale de la Martinique, Fort-de-France?
20. Est-ce que la Martinique et la Guadeloupe sont des départements de la France?
21. Quel avion prend Robert maintenant?
22. Quelle est la capitale d'Haïti?
23. Est-ce qu'Haïti est la seule république noire du continent américain?
24. Est-ce que la langue du pays est le français?
25. Est-il nécessaire de quitter les États-Unis pour parler français?
26. Est-ce qu'il y a beaucoup de restaurants français et beaucoup de films français à New York?
27. Est-ce que New York est la résidence de beaucoup de Français et d'Haïtiens?
28. Dans quels états de la Nouvelle-Angleterre est-ce qu'on entend parler français?
29. Est-ce que Montréal et Québec sont aussi des villes francophones?
30. Si vous comprenez le français, qui est-ce que vous pouvez comprendre?

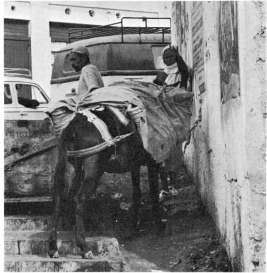

Maroc

Berne Greene from EPA

Algérie

Editorial Photocolor Archives (EPA)

Structure

Les verbes en -re

Troisième personne du singulier

A. Répétez.

Le skieur descend.
Jeannette attend.
Richard répond.

B. Répondez.

Est-ce que le skieur descend?
Est-ce qu'il descend vite?
Est-ce que Jeannette attend?
Est-ce qu'elle attend une amie?
Est-ce que Richard répond?
Est-ce qu'il répond en français ou en anglais?
Est-ce que Gérard entend le téléphone?
Qu'est-ce qu'il entend?
Est-ce que le marchand vend des bijoux?
Qu'est-ce qu'il vend?

Première personne du singulier

A. Répétez.

J'entends.
J'entends bien.
J'attends le dîner.
Je vends des voitures.

B. Répondez.

Est-ce que tu entends?
Est-ce que tu entends bien?
Est-ce que tu entends la radio?
Qu'est-ce que tu entends?
Est-ce que tu attends le dîner?
Qu'est-ce que tu attends?
Est-ce que tu vends des voitures?
Qu'est-ce que tu vends?
Est-ce que tu descends?
Est-ce que tu descends dans le métro?

Deuxième personne du singulier

A. Répétez.

Tu attends.
Tu attends des amis, n'est-ce pas?
Tu réponds.

B. Demandez.

Demandez à un ami s'il attend.
Demandez à une amie si elle attend le dîner.
Demandez à un voisin s'il attend l'autobus.
Demandez à une voisine si elle répond bien.
Demandez à un garçon s'il répond à la question.
Demandez à une amie si elle descend.
Demandez à un ami s'il descend les valises.
Demandez à une camarade si elle descend sur la plage.

Troisième personne du pluriel

A. Répétez.

Pierre et Michel attendent.
Les jeunes filles entendent la radio.

Un marché en Tunisie   Editorial Photocolor Archives (EPA)

Répondez.

Est-ce que Pierre et Michel attendent?
Qu'est-ce qu'ils attendent?
Est-ce qu'ils attendent le professeur?
Est-ce que les jeunes filles entendent la radio?
Est-ce qu'elles entendent le téléphone?
Est-ce que les garçons entendent l'avion?
Est-ce qu'ils descendent?
Est-ce qu'ils descendent à pied?
Est-ce que les marchands vendent des marchandises?
Qu'est-ce qu'ils vendent?

Première personne du pluriel

A. Répétez.

Nous entendons du bruit.
Nous attendons le docteur.
Nous vendons des gaufres.

B. Répondez.

Est-ce que vous entendez?
Est-ce que vous entendez du bruit?
Qu'est-ce que vous entendez?
Est-ce que vous attendez le marchand?
Qui attendez-vous?
Est-ce que vous vendez des tapis?
Qu'est-ce que vous vendez?
Est-ce que vous répondez?
Est-ce que vous répondez au professeur?

Deuxième personne du pluriel

A. Répétez.

Vous attendez, n'est-ce pas?
Est-ce que vous répondez?

B. Demandez.

Demandez à deux garçons s'ils attendent.
Demandez à deux filles si elles attendent trois heures.
Demandez à des camarades si elles répondent.
Demandez à des voisins s'ils répondent bien.

Demandez à des voisines si elles descendent.
Demandez à des amis s'ils vendent des disques.
Demandez à des amies si elles vendent des livres.

Impératif

A. Répétez.

Descends!
Répondons!
Attendez!

B. Commandez d'après les modèles.

Je descends.
Bon. Descends!

Je réponds.
J'attends.
Je descends les valises.
Je vends des bicyclettes.

Dakar, Sénégal   Editorial Photocolor Archives (EPA)

Répondons en français!
Oui. Répondons en français!

Nous attendons le professeur.
D'accord. Attendez le professeur!

Répondons en anglais!
Attendons le professeur!
Descendons en voiture!

Nous vendons de la glace.
Nous répondons tout de suite.
Nous descendons vite.

NOTE GRAMMATICALE

Many regular verbs have an infinitive ending in *-re*. These verbs belong to the third conjugation. Typical *-re* verbs are *attendre, descendre, entendre, répondre,* and *vendre.*

	attendre	**vendre**
present	j'attends	je vends
	tu attends	tu vends
	il attend	il vend
	elle attend	elle vend
	nous attendons	nous vendons
	vous attendez	vous vendez
	ils attendent	ils vendent
	elles attendent	elles vendent
imperative	Attends!	Vends!
	Attendons!	Vendons!
	Attendez!	Vendez!

Note the final *s* in the imperative singular. Remember also that before verbs beginning with a vowel, *je* becomes *j'* and that there is a liaison between the pronoun and the verb in the plural.

Les verbes *prendre, apprendre, comprendre*

A. Répétez.

Prends!
Apprenons!
Comprenez!

Troisième personne du pluriel

A. Répétez.

Les filles apprennent le français.
Les gens prennent des vacances.
Les garçons comprennent la leçon.

B. Répondez.

Est-ce que les filles apprennent le français?
Est-ce que les garçons apprennent l'anglais?
Est-ce que les filles apprennent les
   mathématiques?
Est-ce que les gens prennent des vacances?

Est-ce qu'ils prennent des photos?
Est-ce qu'ils prennent des chandails?
Est-ce qu'ils prennent des maillots?
Est-ce que les garçons comprennent la leçon?
Est-ce qu'ils comprennent la peinture?
Est-ce que les filles comprennent la musique classique?

Première personne du pluriel

A. Répétez.

Nous prenons la voiture.
Nous comprenons l'histoire.
Nous apprenons les verbes irréguliers.

B. Répondez.

Est-ce que vous prenez la voiture?
Est-ce que vous prenez le métro?
Est-ce que vous prenez l'avion?
Est-ce que vous prenez du café?
Est-ce que vous prenez de la glace?
Est-ce que vous prenez des frites?
Est-ce que vous comprenez l'histoire?
Est-ce que vous comprenez la leçon?
Est-ce que vous comprenez l'exercice?
Est-ce que vous apprenez les verbes?
Est-ce que vous apprenez le français?
Est-ce que vous apprenez le vocabulaire?

Deuxième personne du pluriel

A. Répétez.

Est-ce que vous prenez du fromage?
Est-ce que vous comprenez la leçon?
Est-ce que vous apprenez les verbes?

B. Demandez.

Demandez à des amies si elles prennent du fromage.
Demandez à des amis s'ils prennent du rosbif.
Demandez à des camarades s'ils comprennent le livre.
Demandez à des camarades si elles comprennent le problème.

Demandez à des voisines si elles apprennent les verbes.
Demandez à des voisins s'ils apprennent la géographie de l'Europe.

C. Demandez-moi.

Demandez-moi si j'apprends l'espagnol.
Demandez-moi si je prends des vacances.
Demandez-moi si je comprends le russe.

Singulier—je, tu, il, elle

A. Répétez.

Il prend une photo.
Elle comprend très bien.

Je prends un livre.
J'apprends la leçon.

Tu comprends l'exercice.
Tu apprends la géographie.

B. Répondez.

Est-ce que la femme prend du café?
Est-ce que l'homme prend un livre?
Est-ce que la jeune fille apprend la leçon?

La Martinique

Est-ce qu'elle apprend bien?
Est-ce que le jeune homme comprend le professeur?
Est-ce qu'il comprend l'anglais?

Est-ce que tu prends une radio?
Est-ce que tu prends l'avion?
Est-ce que tu comprends très bien?
Est-ce que tu comprends l'histoire?
Est-ce que tu apprends le français?
Qu'est-ce que tu apprends?

C. Demandez.

Demandez à un ami s'il prend des photos.
Demandez à une amie si elle prend de l'argent.
Demandez à une camarade si elle apprend les mathématiques.
Demandez à une voisine si elle comprend l'exercice.
Demandez à un voisin s'il comprend l'art moderne.

NOTE GRAMMATICALE

Although they have an infinitive ending in *-re, prendre, comprendre,* and *apprendre* are irregular verbs. The singular of these verbs is conjugated like *-re* verbs, but the plural forms follow a pattern of their own. Study the following.

	prendre	**apprendre**
present	je prends	j'apprends
	tu prends	tu apprends
	il prend	il apprend
	elle prend	elle apprend
	nous prenons	nous apprenons
	vous prenez	vous apprenez
	ils prennent	ils apprennent
	elles prennent	elles apprennent
imperative	Prends!	Apprends!
	Prenons!	Apprenons!
	Prenez!	Apprenez!

Conakry, Guinée

EXERCICES ÉCRITS

A. Complete the following sentences with an appropriate word.

1. Je ne vais pas aller à pied. Je vais _____ l'autobus.
2. Le marchand _____ des marchandises.
3. J'appelle le numéro 646-3409. Il ne _____ pas.
4. Le Canada, les États-Unis, et le Mexique sont des _____ .
5. Le français est une _____ .
6. Nous traversons la _____ entre les États-Unis et le Canada.

B. Complete the verbs with the appropriate endings.

1. Nous voulons descend_____ le piano.
2. J'entend_____ le téléphone.
3. Qu'est-ce que tu attend_____?
4. Les jeunes gens entend_____ le bruit de la mer.
5. Madame, est-ce que vous vend_____ des légumes?
6. Nous répond_____ en français, n'est-ce pas?

1. Est-ce que tu veux (apprendre) _____ le français?
2. Ils (prendre) _____ des photos.
3. Vous ne (comprendre) _____ pas le français.
4. J'(apprendre) _____ les langues.
5. Elle (prendre) _____ des vacances.
6. Tu (comprendre) _____ vite.
7. Nous (apprendre) _____ le français.

D. **Answer the following questions in paragraph form.**

Est-ce que vous apprenez le français à l'école?
Est-ce que les gens parlent français dans beaucoup des pays du monde?
Est-ce que vous pouvez comprendre beaucoup sur l'Afrique si vous comprenez le français?
Est-ce que vous entendez parler français en Algérie, en Tunisie et au Maroc?
Dans les pays de l'Afrique du Nord, est-ce que vous pouvez parler français avec des marchands arabes?
Est-ce que les Arabes peuvent répondre en français?
Dans quels autres pays d'Afrique est-ce que vous pouvez entendre parler français?
Est-ce que la Martinique et la Guadeloupe sont des départements français?
Qu'est-ce qu'il y a dans ces îles tropicales?
Est-ce que le français est la langue d'Haïti aussi?
Est-ce qu'il y a des gens aux États-Unis qui parlent français?
Dans quels états est-ce que vous pouvez entendre parler français?

ALGÉRIE

GUINÉE

MARTINIQUE

NEW YORK

CINÉMA FRANÇAIS

|1| |2|3| |4| |5|
6			7	
8				9	
10	11		12			13
14					
	15		16		
17	18			19		20
21		22			23	
	24				
25			26			27

A. Solve the following crossword puzzle.

Horizontalement

1. Je vais _____ quelques minutes.
6. _____ es-tu, Madeleine?
7. Une lettre qui indique le féminin
8. Quel est le _____ de la chambre?
9. Un chiffre entre zéro et vingt
10. La truite est très grande. Elle est _____.
14. Tu _____ vas pas manger?
15. Le marchand veut _____ des marchandises.
17. Je veux descend_____ maintenant.
19. Je vais parl_____ avec Píerre.
20. Est-ce que tu prend_____ le métro?
21. Nous voulons _____ la géographie.
24. _____ France les gens parlent français.
25. Tu n'_____ pas de chance.
26. Célébrations

Verticalement

1. Nous allons _____ les verbes.
2. C'est pour moi? —Oui, c'est pour _____.
3. Je parle avec les garçons. Je parle avec _____.
4. Je vais _____ les valises.
5. Nous allons chez les amis. Nous allons chez _____.
11. Je _____ comprends pas.
12. Il y a des voitures dans la _____.
13. Il campe _____ de la rivière.
16. Il _____ en hiver.
18. Vous _____ prêts?
22. Il attrape _____ poisson.
23. L'agent arrête les voitures dans la _____.
27. Lettre qui indique le pluriel

B. Here is another crossword puzzle to solve.

Horizontalement

1. L'explorateur va _____ un continent.
8. Ils vont _____ France.
9. Je donne le livre _____ professeur.
10. Est-ce que tu _____ fatigué?
12. Le skieur _____ en haut de la montagne.
15. Elle est grand_____.
16. Tu ne manges pas? —_____, je mange.
17. Il _____ beaucoup de livres.
18. Nous avons du fromage, des fruits, _____ des pâtisseries.
19. Les gens vont _____ des opéras classiques.
23. Vrai _____ faux: les mots croisés sont faciles.
24. L'_____ est une saison froide.
26. La neige est joli_____.
27. Vous _____ au lycée, n'est-ce pas?
29. _____ y a des fleurs sur la montagne.
31. Qui est-_____?
32. Le climat de la Provence est _____.

Verticalement

1. Les _____, nous n'allons pas au lycée.
2. Elle est prêt_____.
3. 100
4. Elles _____ des skis et des bâtons.
5. Il _____ voyager à bicyclette.
6. Il traverse la _____.
7. Je _____ des heures au soleil.
11. Tu ne danses pas? —_____, je danse.
14. Il y a _____ des monuments romains en Provence.
18. Il _____ les verbes irréguliers.
19. Une lettre qui indique le féminin
20. _____ allez-vous? —Nous allons à Paris.
21. Dans la Maison du _____, à Bruxelles, il y a un musée.
22. Tu danses _____ moi?
25. L'_____ est une saison chaude.
28. _____ le joueur touche le ballon avec la main, l'arbitre annonce une pénalité.
30. Tout le monde va à _____ plage.

C. Change one letter to form a new word.

1. fable
2. toi
3. nous
4. glace
5. joue
6. libre
7. mère
8. mais

Treizième
Leçon

Vocabulaire

1. Il n'y a rien sur la table.
    Il n'y a pas de gens dans la chambre.
    Il n'y a personne dans la chambre.

2. C'est un château.
    Les murailles sont hautes.
    Des gens traversent le pont.

3. Un homme dort.
    Il n'ouvre pas les yeux.
    La fille sert le déjeuner à l'autre homme.
    Elle raconte une histoire.

la coutume   la tradition, la mode

le passé   le contraire du *présent*

la pièce   une œuvre dramatique dans un théâtre

la fabrique   l'usine

le siècle   cent ans

la vie   l'existence

l'étranger   Les Français aux États-Unis sont des étrangers. Les Américains sont des étrangers en France.

habiter   résider   Il habite à New York.

partir   quitter

sortir   partir, quitter

fréquenter   aller souvent

assister à   aller à, être présent à

avoir besoin de   avoir la nécessité de

quelque chose   le contraire de *rien*

toujours   à chaque instant

ne . . . jamais   le contraire de *toujours*   Il ne regarde jamais la télévision.

vrai, -e   réel

au milieu de   au centre de

le passé	illustre	mériter
l'histoire (f.)	isolé, -e	exister
la tradition	alpin, -e	fréquenter
l'antiquité (f.)	parisien, -ne	abonder
le contraste	culturel, -le	dater
le sommet	historique	
l'océan (m.)	réel, -le	
l'habitant (m.)	fortifié, -e	
le théâtre	illuminé, -e	
l'auteur (m.)	industriel, -le	
l'idée (f.)		
la splendeur		
la coutume		
l'impression (f.)		
le monument		
la cité		
le spectacle		

EXERCICES DE VOCABULAIRE

A. Answer the following questions.

1. Qu'est-ce qu'il y a sur la table?
2. Est-ce qu'il y a des gens dans la chambre?
3. Qui est-ce qu'il y a dans la chambre?
4. C'est un château?
5. Comment sont les murailles?
6. Qu'est-ce que les gens traversent?
7. Est-ce que l'homme dort?
8. Qu'est-ce que la fille sert?
9. Est-ce qu'elle raconte une histoire?
10. Aimez-vous l'histoire du passé?
11. Combien d'années est-ce qu'il y a dans un siècle?
12. Est-ce que vous êtes un étranger en France?
13. Est-ce vous aimez assister à une pièce de théâtre?

B. Give the word being defined.

1. le contraire de *toujours*
2. sortir
3. cent ans
4. résider
5. réel
6. l'existence
7. l'usine
8. au centre de

La Comédie Française

Alain Keler from EPA

Lecture
La France, pays de beauté

merveille   *wonder*

témoins   *witnesses*
ce   *this*
nouveaux   *new*

     La France—le pays natal de la langue et des traditions françaises. Le pays, qui n'est pas très grand, est une merveille. Riche en histoire, la France a un passé illustre. Les grands châteaux de France servent comme témoins de ce grand passé. Mais la France est un pays qui ne dort jamais. Les nouveaux gratte-ciel des grandes villes contrastent avec les monuments pittoresques de l'antiquité.

À cause des contrastes qui existent dans toutes les régions de la France, le pays a quelque chose à offrir à tout le monde.

Montagnes Partons pour la région de Savoie près de la frontière suisse. Les sommets des montagnes couverts de neige sont magnifiques. Ici les enthousiastes du ski descendent les pistes et ils arrivent dans un des petits villages isolés dans une vallée alpine.

Plages Vous n'allez jamais dans les montagnes, parce que vous n'aimez pas les sports d'hiver? Il n'y a rien pour vous en France? Non, ce n'est pas vrai. Pour vous il y a des plages. Vous pouvez nager dans la mer Méditerannée, dans l'océan Atlantique, ou dans la Manche. Les eaux des océans et des mers baignent les côtes françaises. Le soir les gens dorment dans un petit hôtel. Le matin, ils sortent de l'hôtel et ils passent une journée agréable sous un soleil très fort pendant qu'ils écoutent la musique des vagues.

Villes cosmopolites Paris—capitale de la France et peut-être la capitale cosmopolite du monde. Il est très agréable de flâner sur les boulevards de Paris ou de passer une heure dans un café parisien et de regarder les gens qui passent. Mais Paris n'est pas la seule ville de France. Lyon, Grenoble, Bordeaux sont des villes qui méritent notre attention. Ce sont des centres culturels du pays. Les habitants fréquentent les théâtres, les cinémas et les musées qui abondent dans les villes françaises.

Culture Partout en France il y a des théâtres. Les Français aiment aller au théâtre. Ils assistent aux pièces des auteurs du passé comme Racine, Corneille, Molière. Il est vrai que ces auteurs ne sont plus en vie au 20e siècle, mais leurs idées ne meurent jamais. Ils retracent les splendeurs et les coutumes de la vie au 17e siècle. Des auteurs comme Ionesco, Anouilh et Giraudoux présentent des scènes de la vie actuelle. Sortons du théâtre et entrons dans un musée. Devant nous il y a des peintures de Cézanne, Monet et Renoir, des artistes français célèbres dans le monde entier.

Villes historiques Des villes comme Avignon et Carcassonne donnent l'impression d'être des peintures de musée. Non, ce ne sont pas des peintures. Ce sont des villes réelles. Les gens d'aujourd'hui habitent près du pont d'Avignon construit au 12e siècle et près du palais des Papes construit au 14e siècle. Les Carcassonnais habitent au milieu des monuments du passé. De la Ville Basse à Carcassonne, ils peuvent regarder une vieille cité fortifiée qui date du Moyen Âge. Personne ne peut oublier le spectacle des hautes murailles qui sont illuminées pendant la saison touristique.

Glossary (margin):

toutes	all
couverts	covered
pistes	ski slopes
baignent	bathe
côtes	coasts
pendant qu'ils	while they
notre	our
leurs	their
meurent	die
construit	built
Palais des Papes	Papal palace
vieille	old
Moyen Âge	Middle Ages

Industrie Un pays important du 20e siècle a besoin d'industrie. Lille est une ville industrielle. Ici on peut regarder les cheminées des fabriques d'où sortent des produits modernes pour les Français et pour les étrangers. Et ces villes industrielles donnent du travail aux Français.

Donc *therefore*

Fêtes Le Français ne peut pas travailler toujours. Donc, il a des fêtes comme les pardons en Bretagne et la fête des fleurs à Nice. Pendant les fêtes les Français chantent et dansent et ils oublient le travail.

Oui, la France est un pays de beauté. C'est un pays qui offre quelque chose à tout le monde. Pourquoi n'allez-vous pas en France? Vous parlez la langue du pays.

QUESTIONS

1. Est-ce que la France est une merveille?
2. Est-ce qu'elle a un passé illustre?
3. Qu'est-ce qui sert comme souvenir de ce grand passé?
4. Est-ce que la France dort toujours?
5. Avec quoi les nouveaux gratte-ciel contrastent-ils?
6. Est-ce que le pays a quelque chose à offrir à tout le monde?
7. Est-ce que les sommets des montagnes couverts de neige sont magnifiques?
8. Où arrivent les enthousiastes du ski?
9. Qu'est-ce qu'il y a pour les gens qui ne vont jamais dans les montagnes?
10. Où pouvez-vous nager?
11. Où dorment les gens le soir?
12. Comment passent-ils la journée?
13. Quelle est la capitale cosmopolite du monde?
14. Est-ce qu'il est agréable de flâner sur les boulevards?
15. Est-ce qu'on peut passer une heure dans un café parisien et regarder les gens qui passent?
16. Quelles autres villes méritent notre attention?
17. Qu'est-ce que les habitants fréquentent?

18. Est-ce que les Français aiment assister au théâtre?
19. Quelles pièces regardent-ils?
20. Qu'est-ce que les auteurs Racine, Corneille et Molière retracent?
21. Quels auteurs présentent des scènes de la vie actuelle?
22. Qu'est-ce qu'il y a dans un musée?
23. Quelles villes donnent l'impression d'être des peintures de musée?
24. Est-ce que ce sont des villes réelles?
25. À Avignon près de quoi est-ce que les gens d'aujourd'hui habitent?
26. Où habitent les Carcassonnais?
27. Qu'est-ce que personne ne peut oublier à Carcassonne?
28. Quelle est une ville industrielle?
29. D'où sortent les produits pour les Français et pour les étrangers?
30. Quelles fêtes est-ce qu'il y a en France?
31. Est-ce que les Français chantent et dansent?
32. Est-ce que la France est un pays de beauté?

L'industrie en France

Alain Keler from EPA

Structure

Les verbes *partir, sortir, servir, dormir*

Troisième personne du pluriel

A. Répétez.

Les avions partent.
Les avions sortent de l'aéroport.
Les jeunes gens dorment.
Les garçons servent les repas dans un
   restaurant.

B. Répondez.

Est-ce que les avions partent?
Est-ce qu'ils partent tout de suite?
Est-ce que les avions sortent de l'aéroport?
Est-ce qu'ils sortent maintenant?
Est-ce que les jeunes gens dorment?
Est-ce qu'ils dorment bien?
Est-ce qu'ils dorment la nuit ou le jour?
Est-ce que les garçons servent dans un
   restaurant?
Est-ce que les filles servent dans un café?

Première personne du pluriel

A. Répétez.

Nous dormons.
Nous servons des sandwichs.
Nous partons en voyage.
Nous sortons du cinéma.

B. Répondez.

Est-ce que vous partez en voyage?
Est-ce que vous partez pour l'Europe?
Est-ce que vous sortez du cinéma?
Est-ce que vous sortez du restaurant?
Est-ce que vous sortez du métro?
Est-ce que vous dormez?
Est-ce que vous dormez huit heures?
Est-ce que vous servez des sandwichs?
Qu'est-ce que vous servez?

Deuxième personne du pluriel

A. Répétez.

Est-ce que vous partez en vacances?
Est-ce que vous sortez le soir?
Vous dormez, n'est-ce pas?
Est-ce que vous servez le poisson?

B. Demandez.

Demandez à des camarades s'ils partent en
   vacances.
Demandez à des amies si elles partent pour la
   Suisse.
Demandez à des voisines si elles sortent le soir.
Demandez à des voisins s'ils sortent beaucoup.
Demandez à deux camarades s'ils dorment.
Demandez à deux jeunes filles si elles dorment
   en classe.
Demandez à deux garçons s'ils servent le
   poisson.
Demandez à deux chefs s'ils servent le poisson
   avec une sauce.

C. Demandez-moi.

Demandez-moi si je dors.
Demandez-moi si je sers des pâtisseries.
Demandez-moi si je pars à trois heures.

Troisième personne du singulier

A. Répétez.

Le train part.
Le touriste sort de la boutique.
Le garçon sert le dîner.
L'enfant dort.

B. Répondez.

Est-ce que le train part?
Est-ce que Robert part?
Est-ce qu'il part en voyage?

Est-ce que le touriste sort de la boutique?
Est-ce que l'élève sort du lycée?
Est-ce que le garçon sert le dîner?
Est-ce que Jeanne sert le dîner?
Est-ce que l'enfant dort?
Est-ce que la jeune fille dort?

Première personne du singulier

A. Répétez.

Je dors.
Je sers la soupe.
Je sors de la maison.
Je pars.

B. Répondez.

Est-ce que tu dors?
Est-ce que tu sers la soupe?
Qu'est-ce que tu sers?
Est-ce que tu sors de la maison?
Est-ce que tu sors de la classe?
Est-ce que tu pars?
Est-ce que tu pars à huit heures?
À quelle heure est-ce que tu pars?

Deuxième personne du singulier

A. Répétez.

Tu dors, n'est-ce pas?
Est-ce que tu sers le café?
Est-ce que tu sors de la cuisine?
Est-ce que tu pars?

B. Demandez.

Demandez à une fille si elle dort.
Demandez à un garçon s'il dort beaucoup.
Demandez à un voisin s'il sert la glace.
Demandez à une voisine si elle sert le déjeuner.
Demandez à un camarade s'il sort du lycée.
Demandez à une camarade si elle sort avec des
    amis.
Demandez à un garçon s'il part en bateau.
Demandez à une fille si elle part à bicyclette.

Impératif

A. Répétez.

Dors!
Servons le dîner!
Parlez!

B. Commandez d'après les modèles.

Je dors.
Bon. Dors!

Je pars.
Je pars en voyage.
Je sors.
Je sors de la classe.

Dormons.
Oui. Dormons!

Partons.
Dormons bien.
Servons les frites.

Nous dormons.
D'accord. Dormez!

Nous partons à huit heures.
Nous servons le dîner.
Nous sortons maintenant.

Carcassonne

Alain Keler from EPA

NOTE GRAMMATICALE

Although their infinitive ends in *-ir*, the four verbs *dormir, servir, sortir,* and *partir* do not follow the regular pattern of second conjugation verbs. Study the following forms.

	dormir	**servir**	**sortir**	**partir**
present	je dors	je sers	je sors	je pars
	tu dors	tu sers	tu sors	tu pars
	il dort	il sert	il sort	il part
	elle dort	elle sert	elle sort	elle part
	nous dormons	nous servons	nous sortons	nous partons
	vous dormez	vous servez	vous sortez	vous partez
	ils dorment	ils servent	ils sortent	ils partent
	elles dorment	elles servent	elles sortent	elles partent
imperative	Dors!	Sers!	Sors!	Pars!
	Dormons!	Servons!	Sortons!	Partons!
	Dormez!	Servez!	Sortez!	Partez!

ne . . . rien; ne . . . personne

A. Répétez.

Regardes-tu quelque chose? Non, je ne regarde
  rien.
Regardes-tu les gens? Non, je ne regarde
  personne.

**B. Répondez d'après les modèles, avec *rien* ou
personne.**

  Est-ce que tu regardes la télévision?
  Non, je ne regarde rien.

  Est-ce que tu regardes un garçon?
  Non, je ne regarde personne.

Est-ce que tu admires la peinture?
Est-ce que tu admires l'artiste?
Est-ce que tu attends le train?
Est-ce que tu attends le professeur?
Est-ce que tu comprends l'exercice?
Est-ce que tu comprends le professeur?
Est-ce qu'il y a une valise dans la voiture?
Est-ce qu'il y a des gens dans la voiture?
Est-ce qu'il y a une table dans la chambre?
Est-ce qu'il y a une fille dans la chambre?

Le château d'Azay-le-Rideau

Rien ne . . .; Personne ne . . .

A. Répétez.

Qu'est-ce qui est intéressant?
Rien n'est intéressant.

Qui part?
Personne ne part.

Qui arrive?
Personne n'arrive.

B. Répondez avec *Rien ne* . . . .

Qu'est-ce qui est intéressant?
Qu'est-ce qui est sur la table?
Qu'est-ce qui est dans la chambre?
Qu'est-ce qui est différent?
Qu'est-ce qui est dans l'usine?

C. Répondez avec *Personne ne* . . . .

Qui regarde la télévision?
Qui sort de la classe?
Qui dort?
Qui répond à la question?
Qui arrive?
Qui entre dans le cinéma?

Le palais des Papes à Avignon

Alain Keler from EPA

NOTE GRAMMATICALE

The negative expressions *ne . . . rien* (nothing, anything) and *ne . . . personne* (no one, anyone) function like *ne . . . pas*. *Rien ne . . .* (nothing) and *Personne ne . . .* (no one) are subjects. Study the following.

Je ne regarde rien.	*I don't see anything.*
Rien n'est sur la table.	*Nothing is on the table.*
Je ne regarde personne.	*I don't see anyone.*
Personne n'arrive.	*No one is arriving.*

ne . . . plus; ne . . . jamais

A. Répétez.

Regardes-tu encore la télévision? Non, je ne
    regarde plus la télévision.
Regardes-tu quelquefois la télévision? Non, je
    ne regarde jamais la télévision.

Est-ce que tu regardes encore la télévision?
Non, je ne regarde plus la télévision.

Est-ce que tu regardes quelquefois les photos?
Non, je ne regarde jamais les photos.

Est-ce que tu travailles encore?
Est-ce que tu travailles quelquefois?
Est-ce que tu dors encore?
Est-ce que tu dors quelquefois?
Est-ce que tu manges encore?
Est-ce que tu manges quelquefois?
Est-ce qu'il y a encore de la glace?
Est-ce qu'il y a quelquefois de la glace?
Est-ce que l'équipe gagne encore?
Est-ce que l'équipe gagne quelquefois?
Est-ce que vous avez encore de l'argent?
Est-ce que vous avez quelquefois de l'argent?

NOTE GRAMMATICALE

Ne . . . plus (no longer) and *ne . . . jamais* (never) function like *ne . . . pas*. Study the following.

Je ne regarde plus la télévision.	*I am no longer watching television.*
Je n'entends plus.	*I don't hear any more.*
Je ne regarde jamais la télévision.	*I never look at television.*
Je n'entends jamais le bruit.	*I never hear the noise.*

Pronom relatif *qui*

A. Répétez.

Il y a des gens qui voyagent.
Nous prenons l'avion qui part à une heure.
C'est moi qui paie.

B. Répondez.

Est-ce que Pierre est un garçon qui travaille?
Est-ce que c'est Michel qui arrive?
Est-ce que c'est Marie qui danse?
Est-ce que c'est l'équipe qui gagne?
Est-ce que c'est le professeur qui travaille?

Est-ce qu'il y a des gens qui voyagent?
Est-ce qu'il y a un fleuve qui traverse la ville?
Est-ce qu'il y a des avions qui arrivent à New York?
Est-ce que vous prenez le train qui part à une heure?
Est-ce que vous comprenez les gens qui parlent français?
Est-ce que c'est toi qui parles?
Est-ce que c'est vous qui chantez?
Est-ce que c'est vous qui marchez?

NOTE GRAMMATICALE

The relative pronoun *qui* serves as a link between two parts of a sentence. It is used as a subject of the verb in the second part of the sentence. Since *qui* is a pronoun, it replaces a noun. The noun which it replaces can be a person, a place, or a thing.

C'est moi qui arrive.
Il y a un train qui arrive.
Nous applaudissons l'équipe qui gagne le match.
Je regarde la photo qui est sur la table.

Remember that the verb agrees with the subject.

C'est une jeune fille qui sert le dîner.
Ce sont des jeunes filles qui servent le dîner.
C'est moi qui travaille.
C'est nous qui dansons.

Le pont d'Avignon

Alain Keler from EPA

A. Complete the following with an appropriate word.

1. Le touriste va quitter la ville. Il va _____ de la ville.
2. Elle _____ une histoire intéressante.
3. Il n'y a pas de gens ici. Il n'y a _____ ici.
4. L'homme n'ouvre pas les yeux. Il _____.
5. Je vais souvent au cinéma. Je _____ le cinéma.
6. Les Français sont des _____ aux États-Unis.

B. Complete the sentences with the correct form of the indicated verb.

1. Nous _____ le dîner. *servir*
2. À quelle heure _____-vous? *partir*
3. Il ne _____ jamais du lycée. *sortir*
4. Je ne _____ pas dans la voiture. *dormir*
5. Les voitures _____ de l'usine. *sortir*
6. Est-ce que tu _____ bientôt le dîner? *servir*

C. Answer the following questions, using *ne . . . rien* or *ne . . . personne.*

1. Est-ce que vous oubliez les amis?
2. Est-ce que vous oubliez la peinture?
3. Est-ce que vous regardez le professeur?
4. Est-ce que vous regardez les bicyclettes?

D. Answer the following using *Rien ne . . .* or *Personne ne . . . .*

1. Qui arrive?
2. Qu'est-ce qu'il y a sur la table?
3. Qui part?
4. Qu'est-ce qui est grand?

E. Answer the following questions, using *ne . . . plus* or *ne . . . jamais.*

1. Regardes-tu encore la télévision?
2. Oublies-tu quelquefois?
3. Manges-tu encore?
4. Dors-tu quelquefois?

F. Rewrite the two sentences as one, replacing the italicized words with the relative pronoun *qui.*

Nous escaladons des montagnes. *Les montagnes* sont très hautes.
Nous escaladons des montagnes qui sont très hautes.

1. J'écoute le professeur. *Le professeur* parle français.
2. C'est Lucette. *Elle* travaille dans l'usine.
3. Il y a des jeunes gens. *Ils* partent à bicyclette.
4. Voilà un avion. *Il* arrive à New York.
5. J'ai deux amis. *Ils* sont intéressants.

G. Answer the following questions in paragraph form.

Est-ce que la France a quelque chose à offrir à tout le monde?
Est-ce qu'elle est riche en histoire?
Est-ce que la France dort?
Qu'est-ce qui sert comme témoin du passé?
Est-ce qu'il y a des villes historiques comme Avignon et Carcassonne?
Qu'est-ce qu'il y a à Avignon?
Où est-ce qu'il y a des montagnes en France?
Est-ce que vous pouvez skier dans les montagnes?
Où est-ce qu'il y a des plages en France?
Est-ce que vous pouvez nager?
Est-ce qu'il y a des villes cosmopolites?
Est-ce que vous pouvez flâner sur les boulevards de Paris?
Qu'est-ce que vous pouvez fréquenter dans les villes culturelles?

Quatorzième
Leçon

Première partie
Vocabulaire

1. Les gardiens emmènent le marin.
   Ils l'emmènent devant le roi.
   Le marin garde un couteau caché.
   Il tire un sac.

2. Le prisonnier est seul dans une cellule.
   Il est désespéré.
   Il frappe sur les murs.
   Les murs sont épais.
   Le prisonnier est maigre.
   Il est malade.
   Il n'est pas gros.
   Il est vieux.
   Il a les cheveux longs.
   Il a la barbe grise et sale.

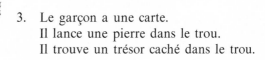

3. Le garçon a une carte.
   Il lance une pierre dans le trou.
   Il trouve un trésor caché dans le trou.

le corps   La tête, les épaules, les jambes sont des parties du corps.

l'année (f.)   Il y a 365 jours dans une année.

le mois   Il y a douze mois dans une année. Janvier et avril sont des mois.

l'an (m.)   l'année   J'ai douze ans.

la nuit   le contraire du *jour*

permettre   donner une permission

promettre   donner une promesse

mettre   placer

chercher   essayer de trouver   Il cherche la photo mais il ne trouve pas la photo.

avoir l'air   avoir l'apparence   Les amis ont l'air contents.

libre   qui n'est pas prisonnier, qui a la liberté

heureux, heureuse   content, contente

vieux   le contraire de *jeune*

pauvre   le contraire de *riche*

sous   le contraire de *sur*

sans   le contraire d'*avec*

l'ennemi (m.)	honnête	ruiner
le crime	courageux, courageuse	accuser
le criminel	riche	expliquer
l'explication (f.)	jaloux, jalouse	toucher
la prison	innocent, -e	décider
l'erreur (f.)	terrible	
la liberté	fabuleux, fabuleuse	
le rat		
le tunnel		
le prisonnier		
le secret		
le trésor		
le sac		
la place		

EXERCICES DE VOCABULAIRE

A. Answer the following questions.

1. Qui emmène le marin?
2. Devant qui est-ce qu'ils emmènent le marin?
3. Qu'est-ce que le marin garde?
4. Qu'est-ce que le marin tire?
5. Est-ce qu'il y a des gens avec le prisonnier?
6. Est-ce que le prisonnier est heureux?
7. Est-ce qu'il frappe sur les murs?
8. Comment sont les murs de la cellule?
9. Est-ce que le prisonnier est maigre ou est-ce qu'il est gros?
10. Est-ce qu'il est jeune ou est-ce qu'il est vieux?
11. Comment sont les cheveux du prisonnier?
12. Comment est la barbe du prisonnier?
13. Est-ce que le garçon a une carte?
14. Qu'est-ce que le garçon lance dans le trou?
15. Qu'est-ce qu'il trouve dans le trou?
16. Combien de jours est-ce qu'il y a dans une année?
17. Combien de mois est-ce qu'il y a dans une année?

B. Give the opposite of the following.

1. riche
2. fabuleux
3. avec
4. ami
5. gros
6. jeune
7. sur
8. jour

Le vieux port à Marseille

Lecture
Edmond Dantès

C'est l'année 1815. Edmond Dantès est un jeune marin de Marseille. Il est honnête et courageux. Il n'est pas riche, mais il est heureux.

Pauvre Dantès! Il a trois ennemis qui veulent le ruiner: Montego, Danglars, et Villefort—trois hommes qui sont jaloux de lui. Les ennemis de Dantès l'accusent d'un crime contre le roi de France. Dantès est innocent, mais, une nuit, des gardiens arrivent chez lui. Dantès dîne avec des amis. Les gardiens l'accusent: «Vous êtes un criminel!». Dantès répond: «Moi! Un criminel? Non! Je suis innocent! Permettez-moi d'expliquer!»

Dantès veut expliquer, mais les gardiens ne le laissent pas parler. Sans explication, ils l'emmènent à l'île du Château d'If. Ils le mettent dans une sombre cellule.

Dans la cellule, Edmond Dantès est désespéré. Il frappe contre la porte. Il appelle. Il crie: «Pourquoi suis-je en prison? C'est une erreur! Je suis innocent!» Personne ne répond. Personne ne l'entend. Chaque jour, Dantès attend la liberté, mais en vain.

Les mois, les années passent. Pendant quatre ans, Dantès reste seul.

Un jour, il entend un bruit dans le mur. Il pense: «C'est un rat peut-être.» Il touche le mur. Une pierre bouge. Il la tire. La pierre tombe. Il y a un trou dans le mur! C'est un tunnel!

---

contre — *against*
chez lui — *at his house*

Chaque — *each*
en vain — *in vain*
Pendant — *for, during*

pense — *thinks*
peut-être — *perhaps*

enfin *finally*

Dantès entre dans le tunnel, qui est très long. Il arrive enfin dans un grand trou noir. C'est une autre cellule.

Là *there*

Là, il y a un autre prisonnier. C'est un homme très vieux et très maigre. Il a les cheveux longs, et la barbe grise et sale. Il a l'air terrible, mais c'est un homme très bon. C'est Faria.

Edmond Dantès a un ami maintenant. Il n'est plus seul. Chaque jour, il entre dans le tunnel, et il va dans la cellule de Faria. Les deux prisonniers parlent beaucoup. Les gardiens ne les entendent pas. Les murs de la prison sont trop épais.

trop *too*

Faria et Dantès parlent de la liberté. Ils parlent des voyages. Faria a un secret. Il raconte: «Il y a une petite île dans la mer Méditerranée. C'est l'île de Monte-Cristo. Un trésor fabuleux est caché dans l'île. Voilà comment tu peux le trouver.» Faria dessine une carte de l'île. Il la donne à Dantès. Il continue: «Je suis trop vieux. Je ne vais jamais sortir de prison. Toi, tu es jeune. Un jour, tu vas sortir. Tu vas être libre. Promets-moi de chercher le trésor. Si tu le trouves, prends-le, garde-le. Il est pour toi.» Dantès le promet.

mort *dead*
tôt *early*

Dix années passent encore. Pauvre Faria. Il est malade. Un jour, les gardiens le trouvent mort dans sa cellule. Les gardiens mettent le corps de Faria dans un sac. Ils décident: «Demain, très tôt, nous allons le lancer dans la mer.»

longtemps *a long time*
sauvé *saved*

Pendant la nuit, Dantès prend la place de Faria dans le sac. Quand les gardiens lancent le sac dans la mer, Dantès est libre. . . . Avec un couteau, il ouvre le sac. Il sort du sac. Il nage sous l'eau. Il nage longtemps. Il arrive enfin à la côte, près de Marseille. Il est sauvé.

QUESTIONS

1. Quelle année est-ce?
2. Qui est Dantès?
3. Qui sont les ennemis de Dantès?
4. Est-ce que les ennemis de Dantès l'accusent?
5. Dantès est-il innocent?
6. Qui arrive chez Dantès, une nuit?
7. Où est-ce que les gardiens emmènent Dantès?
8. Où est-ce qu'ils le mettent?
9. Qui l'entend dans la cellule?

10. Pendant combien d'années Dantès reste-t-il seul dans la cellule?
11. Qu'est-ce que Dantès entend, un jour?
12. Est-ce qu'une pierre tombe du mur?
13. Est-ce qu'il y a un tunnel dans le mur?
14. Est-ce que Dantès entre dans le tunnel?
15. Est-ce qu'il découvre une autre cellule?
16. Comment est l'autre prisonnier dans la cellule?
17. Qui est-ce?
18. Est-ce que Dantès et Faria sont amis ou ennemis?
19. Où va Edmond Dantès, chaque jour?
20. Est-ce que les gardiens entendent les deux hommes qui parlent?
21. De quoi parlent Faria et Dantès?
22. Qu'est-ce qui est caché dans l'île de Monte-Cristo?
23. Est-ce que Faria explique à Dantès comment trouver le trésor?
24. Est-ce qu'il donne une carte de l'île à Dantès?
25. Est-ce que Dantès promet de chercher le trésor?
26. Combien d'années passent encore?
27. Qui est-ce que les gardiens trouvent mort?
28. Où les gardiens mettent-ils le corps de Faria?
29. Où est-ce qu'ils vont lancer le sac?
30. Qui prend la place de Faria dans le sac pendant la nuit?
31. Est-ce que les gardiens lancent Faria, ou est-ce qu'ils lancent Dantès dans la mer?
32. Comment est-ce que Dantès sort du sac?
33. Comment est-ce qu'il arrive à la côte près de Marseille?
34. Est-il enfin libre?

Structure

Les verbes *mettre, promettre, permettre*

A. Répétez.

Mets!
Mettons!
Mettez!

Pluriel

A. Répétez.

Ils mettent les skis sur l'épaule.
Elles promettent de sortir.
Nous mettons la photo sur la cheminée.
Nous promettons de travailler.
Vous mettez des peintures sur le mur.
Vous permettez ça, n'est-ce pas?

B. Répondez.

Est-ce qu'ils mettent les skis sur l'épaule?
Est-ce qu'elles mettent des poissons dans l'eau?
Est-ce qu'ils mettent les pieds dans l'eau?
Est-ce qu'ils permettent de sortir?
Est-ce qu'elles promettent de travailler?

Est-ce que vous mettez le livre dans le sac?
Est-ce que vous mettez de l'eau dans la soupe?

Est-ce que vous mettez des pâtisseries sur la table?
Est-ce que vous mettez les pieds dans l'eau?
Est-ce que vous promettez de travailler?
Est-ce que vous permettez de crier?

C. Demandez.

Demandez à deux camarades si elles mettent des dessins sur le mur.
Demandez à des amis s'ils mettent du fromage dans le sac.
Demandez à des voisins s'ils promettent de travailler.
Demandez à des amies si elles permettent le bruit.
Demandez-moi si je promets une surprise.

Singulier

A. Répétez.

Le professeur permet de sortir.
Il met les mains sur la table.
Je mets l'argent sur la table.
Je promets d'arriver.
Tu mets la valise dans la voiture.
Est-ce que tu promets de travailler?

Marseille
Alain Keler from EPA

Est-ce qu'elle met des livres dans le sac?
Qu'est-ce qu'elle met dans le sac?
Est-ce qu'il met les mains sur la table?
Qu'est-ce qu'il met sur la table?
Est-ce que le professeur permet de sortir?
Est-ce qu'il promet une histoire?
Est-ce que tu mets de l'argent sur la table?
Qu'est-ce que tu mets sur la table?
Est-ce que tu mets la main sur les yeux?

Est-ce que tu mets des fleurs sur la table?
Est-ce que tu promets de chanter?
Est-ce que tu permets de danser?

C. **Demandez.**

Demandez à un camarade s'il met un disque.
Demandez au chef s'il met de la crème dans
   les pots.
Demandez à la fille si elle met des bijoux.

NOTE GRAMMATICALE

Although the infinitives of *mettre, promettre,* and *permettre* end in
-re, the verbs are irregular. The plural of these verbs is conjugated
exactly like the regular *-re* verbs, but the singular has a pattern of
its own. Orally, the singular forms are like *-re* verbs. Note that there
is one *t* in the singular forms and two *t*'s in the plural.

present

je mets	nous mettons
tu mets	vous mettez
il met	ils mettent
elle met	elles mettent

imperative
Mets!
Mettons!
Mettez!

Les pronoms compléments directs dans les phrases impératives

le

A. **Répétez.**

Regarde le garçon! Regarde-le!
Cherchez l'hôtel! Cherchez-le!

B. **Transformez d'après le modèle.**

   Appelle le garçon!
   Appelle-le!

Cherche le trésor!
Écoute le disque!

Regarde le livre!
Tirez le sac!
Laissez le pourboire!
Laissez l'argent!
Cherchons l'hôtel!
Aidons l'homme!

la

A. **Répétez.**

Regarde la fille! Regarde-la!
Trouvez l'île! Trouvez-la!

B. Transformez d'après le modèle.

Regarde la fille!
Regarde-la!

Regarde la peinture!
Ouvre la porte!
Dessinez la carte!
Préparez la voiture!
Payons l'addition!
Demandons l'heure!

les

A. Répétez.

Regarde les filles! Regarde-les!
Regardez les garçons! Regardez-les!

B. Transformez d'après le modèle.

Trouve les bijoux!
Trouve-les!

Attrape les poissons!
Escalade les montagnes!
Ouvre les livres!
Admire les peintures!
Prenez les skis!
Passez les allumettes!
Finissons les sandwichs!
Choisissons les fleurs!

NOTE GRAMMATICALE

The direct object pronouns are *le* (him, it), *la* (her, it), and *les* (them). They refer to both persons and things. In a positive command, they come directly after the verb and are attached to it with a hyphen.

Regarde-le!
Prenons-la!
Choisissez-les!

Les pronoms compléments directs dans les phrases déclaratives

le

A. Répétez.

Victor prend le livre. Victor le prend.
Il paie l'employé. Il le paie.

B. Répondez d'après le modèle.

Est-ce que Jeannette regarde le ciel?
Oui, elle le regarde.

Est-ce que Pierre finit le dîner?
Est-ce que Robert mange le sandwich?
Est-ce que le garçon prend le chandail?
Est-ce que la fille trouve le trésor?

Est-ce qu'il touche le mur?
Est-ce qu'elle regarde l'étranger?
Est-ce qu'il prépare l'enfant?
Est-ce qu'elle rencontre l'ami?

la

A. Répétez.

Stéphane regarde la peinture. Stéphane la regarde.
La femme traverse l'avenue. La femme la traverse.

B. Répondez d'après le modèle.

> Est-ce que Louise regarde la photo?
> Oui, Louise la regarde.

Est-ce que Philippe prend la photo?
Est-ce que la famille visite la maison?
Est-ce que les amis prennent la voiture?
Est-ce que le gardien regarde la porte?
Est-ce que les coureurs traversent la rivière?
Est-ce que Joseph prépare la salade?
Est-ce que le professeur raconte l'histoire?
Est-ce qu'il demande l'heure?
Est-ce qu'elle paie l'addition?

l'

A. Répétez.

J'aide la fille. Je l'aide.
J'attrape le ballon. Je l'attrape.

B. Répondez d'après le modèle.

> Est-ce que tu attrapes le ballon?
> Oui, je l'attrape.

Est-ce que tu admires le chandail?
Est-ce que tu appelles le garçon?
Est-ce que tu écoutes le disque?
Est-ce que tu aimes le dîner?

Est-ce que tu attrapes le poisson?
Est-ce que tu entends le professeur?
Est-ce que tu escalades la montagne?
Est-ce que tu arrêtes la voiture?
Est-ce que tu apportes la glace?
Est-ce que tu aides la fille?

les

A. Répétez.

Michel regarde les livres. Michel les regarde.
Marie regarde les voitures. Marie les regarde.
Antoine ouvre les portes. Antoine les ouvre.

B. Répondez d'après le modèle.

> Est-ce que Jean mange les sandwichs?
> Oui, Jean les mange.

Est-ce que Carole prend les photos?
Est-ce que Jacques met les skis?
Est-ce que la fille finit les frites?
Est-ce que le garçon choisit les places?
Est-ce qu'il prend les billets?
Est-ce qu'elle apporte les valises?
Est-ce que le gardien entend les prisonniers?
Est-ce que Jérôme a les cartes?

NOTE GRAMMATICALE

In a declarative sentence with a direct object pronoun, the order of the words is as follows:

subject + object pronoun + verb

Je regarde le garçon.	Je le regarde.
Marie prend la voiture.	Marie la prend.
Vous choisissez les places.	Vous les choisissez.

Note that before a vowel *le* and *la* become *l'*. *Les* connects with a *z* sound before a verb beginning with a vowel.

Elle admire la peinture.	Elle l'admire.
Il aime le livre.	Il l'aime.
Elle entend les prisonniers.	Elle les entend.

Les pronoms compléments directs dans les phrases négatives

A. Répétez.

Je ne regarde pas la télévision.
Je ne la regarde pas.

Tu ne prends pas le chandail.
Tu ne le prends pas.

Il n'écoute pas le professeur.
Il ne l'écoute pas.

Elle ne visite pas les musées.
Elle ne les visite pas.

B. Répondez d'après le modèle.

Est-ce que tu regardes la télévision?
Non, je ne la regarde pas.

Est-ce qu'il paie le dîner?
Est-ce qu'elle prend le pourboire?
Est-ce qu'il apprend la langue?
Est-ce que vous trouvez les allumettes?
Est-ce que tu mets les skis?
Est-ce qu'elle ouvre la porte?
Est-ce qu'il attrape le ballon?
Est-ce que tu arrêtes la voiture?
Est-ce que vous admirez les chandails?
Est-ce que tu as les billets?

NOTE GRAMMATICALE

In a negative sentence with a direct object pronoun, the order of the words is as follows:

subject + *ne* + object pronoun + verb + *pas*

Francine ne la regarde pas.
Pierre ne le prend pas.
Tu ne l'écoutes pas.
Je ne les ai pas.

Le Château d'If
Alain Keler from EPA

Les pronoms compléments directs dans les phrases impératives négatives

A. Répétez.

Voilà la télévision. Ne la regarde pas!
Voilà le métro. Ne le prends pas!
Voilà le livre. Ne l'ouvrez pas!
Voilà les skis. Ne les mettons pas!
Voilà les portes. Ne les ouvre pas!

B. Commandez négativement d'après le modèle.

Je mange la soupe.
Non, ne la mange pas!

Je cache le trésor.
Je sers le dîner.
Je cherche le livre.
Je dessine la carte.
Je prends la voiture.
Je regarde les filles.
Je prépare les sandwichs.
Je mange les abricots.
Je regarde l'hôtel.
Je traverse l'avenue.
J'appelle le garçon.
J'écoute la musique.
J'admire les peintures.
J'ouvre les mains.

NOTE GRAMMATICALE

In a negative command with a direct object pronoun, the order is as follows:

Ne + object pronoun + verb + *pas*

Ne la regarde pas!
Ne l'écoute pas!
Ne les prenons pas!
Ne les ouvrez pas!

Deuxième partie
Vocabulaire

1. Le garçon pousse le rocher.
   Sous un arbre il y a un trou profond.
   Dans ce trou, il y a un trésor.
   L'or, l'argent et les bijoux brillent.

2. Le bateau arrive à la côte.

l'or (m.)   un métal jaune, rare et précieux

le bal   Nous allons danser. Nous allons au bal.

le nom   Chaque personne a un nom. Le nom du marin est Edmond Dantès.

beau   joli

bientôt   dans un moment

le centre	italien, -ne	exister
l'aventure (f.)	désert, -e	changer
le diamant	énorme	
le bal	généreux, généreuse	
le misérable	mystérieux, mystérieuse	
le gouvernement	tendre	
la terreur	ruiné, -e	
le banquier	sincère	
la destination	splendide	

EXERCICES DE VOCABULAIRE

A. Answer the following questions.

1. Qu'est-ce que l'homme pousse?
2. Qu'est-ce qu'il y a sous l'arbre?
3. Est-ce que le trou est vide?
4. Qu'est-ce qu'il y a dans ce trou?
5. Est-ce que l'or et les bijoux sont brillants?
6. Où arrive le bateau?
7. Est-ce que l'or est un métal précieux?
8. Quel est le nom du héros de l'histoire?
9. Est-ce que vous dansez au bal?
10. Êtes-vous généreux?

B. True or false.

1. L'or et les diamants sont des bijoux.
2. Nous allons au bal. Nous allons jouer au football.
3. Les ennemis de Dantès sont généreux.
4. Il n'y a personne sur l'île. L'île est déserte.
5. Le président est le chef du gouvernement des États-Unis.

Le Château d'If
Alain Keler from EPA

Lecture
Le Comte de Monte-Cristo

Edmond Dantès est libre maintenant, mais il n'oublie pas Faria. Il n'oublie pas le trésor de Monte-Cristo. Il veut trouver ce trésor. Il part seul en bateau pour chercher l'île de Monte-Cristo, près de la côte italienne. Après une année d'aventures, Dantès trouve cette île. L'île est déserte. Dantès a encore la carte de Faria sur lui. Il étudie cette carte. Le trésor est caché sous un gros rocher, entre trois arbres morts, au centre de l'île. Où sont ces trois arbres? Où est ce rocher? Pendant quatre jours et quatre nuits, Dantès les cherche. Enfin! Il les trouve! Le rocher est énorme. Dantès le pousse, et voilà le trésor, dans un trou profond. . . . C'est un trésor fabuleux: de l'or, de l'argent, des diamants, des bijoux de toutes les couleurs. L'or et les diamants brillent au soleil. Dantès les prend, il les regarde. Les mains pleines de bijoux, il crie: «Tout cet or, tous ces diamants. . . . Ils sont pour moi! Merci, Faria, merci, généreux ami!» Sur cette île, à ce moment, Dantès est l'homme le plus heureux du monde.

morts *dead*

pleines *full*

l'homme le plus heureux du monde *the happiest man in the world*

Edmond Dantès est riche maintenant. Il va à Paris. Il change de nom. Il prend le nom de l'île de Monte-Cristo. Le pauvre marin Dantès n'existe plus. Cet homme élégant, c'est le riche comte de Monte-Cristo.

À Paris, le mystérieux comte de Monte-Cristo est vite célèbre. Toute la ville parle de lui. Tous les gens demandent: «Qui est ce comte de Monte-Cristo? Qui est cet homme si riche et si généreux?» Le comte de Monte-Cristo offre des fêtes magnifiques, avec de grands dîners, des bals, de la lumière, des fleurs et de la musique. Toutes les femmes et tous les hommes élégants de Paris veulent danser chez lui. Le comte de Monte-Cristo est un homme heureux. Et qui est cette belle jeune fille près de lui? C'est Haydée, une amie très tendre.

si — so

Le comte de Monte-Cristo cherche les ennemis d'Edmond Dantès. Il les trouve à Paris. Ces misérables sont des hommes riches et importants dans le gouvernement maintenant. Mais le crime ne paie pas. Quand ils rencontrent le comte de Monte-Cristo, ils sont frappés de terreur, et, bientôt, Edmond Dantès est vengé. Montego meurt, le banquier Danglars est ruiné, et Villefort devient fou.

rencontrent — meet
vengé — avenged
meurt — dies
devient fou — becomes insane

Le comte de Monte-Cristo a un ami sincère. Cet ami, c'est Maximilien. Maximilien n'est pas riche, mais lui aussi est jeune, honnête et courageux.

Le comte de Monte-Cristo donne à Maximilien le trésor de Monte-Cristo, et puis il quitte Paris. Il part en bateau avec Haydée pour une destination mystérieuse.

—*d'après* Le Comte de Monte-Cristo, *d'Alexandre Dumas fils*

QUESTIONS

1. Est-ce que Dantès veut rester à Marseille?
2. Est-ce qu'il oublie le trésor de Faria?
3. Est-ce que Dantès trouve l'île de Monte-Cristo?
4. Est-ce qu'il y a des gens dans l'île?
5. Est-ce que Dantès a encore la carte de Faria?
6. Où est le trésor, d'après la carte de Faria?
7. Pendant combien de temps Dantès cherche-t-il les arbres et le rocher?
8. Est-ce qu'il les trouve enfin?
9. Décrivez le trésor. Comment est-il?

10. Est-ce que Dantès crie merci à Faria?
11. Est-ce qu'il est heureux quand il trouve le trésor?
12. Est-il encore pauvre maintenant?
13. Où va Dantès?
14. Est-ce qu'il garde ce nom d'Edmond Dantès?
15. Quel nom prend-il?
16. Est-ce que le comte de Monte-Cristo et Edmond Dantès sont deux personnes très différentes?
17. À Paris, qui parle du comte de Monte-Cristo?
18. Qui veut danser chez lui?
19. Le comte de Monte-Cristo est-il heureux?
20. Qui est cette belle jeune fille près de lui?
21. Est-ce que le comte de Monte-Cristo trouve les ennemis d'Edmond Dantès?
22. Est-ce que ces misérables sont des hommes riches maintenant?
23. Comment Dantès est-il vengé?
24. Le comte de Monte-Cristo a-t-il un ami?
25. Qui est Maximilien?
26. Est-ce que le comte de Monte-Cristo garde tout son trésor?
27. Avec qui quitte-t-il Paris?
28. Pour quelle destination part-il?

Marseille
Alain Keler from EPA

Structure

toute, toutes, tout, tous

toute

A. Répétez.

Toute la région est riche.
Toute la leçon est facile.

B. Répondez.

Est-ce que toute la région est riche?
Est-ce que toute la leçon est facile?
Est-ce que toute la page est difficile?
Est-ce que toute la ville est en fête?
Est-ce que toute la montagne est en fleurs?
Est-ce que toute l'île est déserte?
Est-ce que toute la famille est en vacances?

toutes

A. Répétez.

Toutes les femmes sont riches.
Toutes les villes sont en fête.

B. Répondez.

Est-ce que toutes les femmes sont riches?
Est-ce que toutes les maisons sont jolies?
Est-ce que toutes les villes sont belles?
Est-ce que toutes les boutiques sont jolies?
Est-ce que toutes les montagnes sont hautes?
Est-ce que toutes les voitures sont chères?

tout

A. Répétez.

Tout le pays est riche.
Tout le trésor est dans le sac.

B. Répondez.

Est-ce que tout le pays est riche?
Est-ce que tout le village est en fête?
Est-ce que tout le dîner est fini?
Est-ce que tout le lycée est plein?
Est-ce que tout le musée est désert?
Est-ce que tout le trésor est dans le sac?

tous

A. Répétez.

Tous les pays sont riches.
Tous les trésors sont dans le bateau.

B. Répondez.

Est-ce que tous les pays sont riches?
Est-ce que tous les avions sont pleins?
Est-ce que tous les hommes sont riches?
Est-ce que tous les marins sont sincères?
Est-ce que tous les garçons sont intelligents?
Est-ce que tous les banquiers sont ruinés?

NOTE GRAMMATICALE

The ideas of "all," "every," "whole," are expressed by the adjective *tout*. *Tout* agrees with the noun it modifies.

Toute la classe est pleine.
Toutes les classes sont pleines.
Tout le lycée est plein.
Tous les lycées sont pleins.

Adjectifs qui se terminent par *-eux* au masculin

A. Répétez.

La femme est heureuse.
L'homme est heureux.
Les histoires sont fabuleuses.
Les trésors sont fabuleux.

B. Répondez.

Est-ce que la femme est heureuse?
Est-ce que l'homme est heureux?
Est-ce que la fille est courageuse?
Est-ce que le garçon est courageux?
Est-ce que la ville est mystérieuse?
Est-ce que le pays est mystérieux?
Est-ce que les pâtisseries sont délicieuses?
Est-ce que les dîners sont délicieux?
Est-ce que les femmes sont généreuses?
Est-ce que les hommes sont généreux?

NOTE GRAMMATICALE

The adjectives which end in *-eux* in the masculine change *-eux* to *-euse* to form the feminine singular. The masculine plural is the same as the masculine singular. An *s* is added to form the feminine plural.

La fille est généreuse.
Les filles sont généreuses.
Le garçon est généreux.
Les garçons sont généreux.

Adjectifs démonstratifs

cette

A. Répétez.

La fille est intelligente.
Cette fille est intelligente.

La montagne est haute.
Cette montagne est haute.

B. Répondez.

Est-ce que cette fille est intelligente?
Est-ce que cette femme est belle?
Est-ce que cette montagne est haute?
Est-ce que cette ville est célèbre?
Est-ce que cette histoire est intéressante?
Est-ce que cette classe est pleine?

cet

A. Répétez.

L'arbre est mort.
Cet arbre est mort.

B. Répondez.

Est-ce que cet arbre est mort?
Est-ce que cet homme est célèbre?
Est-ce que cet hôtel est cher?
Est-ce que cet ami est sincère?
Est-ce que cet ennemi est ruiné?
Est-ce que cet été est chaud?
Est-ce que cet hiver est froid?

ce

A. Répétez.

Le garçon est intelligent.
Ce garçon est intelligent.

Le rocher est haut.
Ce rocher est haut.

B. Répondez.

Est-ce que ce garçon est intelligent?
Est-ce que ce rocher est haut?
Est-ce que ce tunnel est sombre?
Est-ce que ce château est magnifique?

Est-ce que ce pied est cassé?
Est-ce que ce métro est plein?
Est-ce que ce livre est intéressant?

ces

A. Répétez.

Les filles sont grandes.
Ces filles sont grandes.

Les garçons sont grands.
Ces garçons sont grands.

Les enfants sont grands.
Ces enfants sont grands.

B. Répondez.

Est-ce que ces filles sont grandes?
Est-ce que ces montagnes sont hautes?
Est-ce que ces vallées sont jolies?
Est-ce que ces villes sont célèbres?
Est-ce que ces garçons sont grands?
Est-ce que ces monuments sont hauts?
Est-ce que ces jardins sont jolis?
Est-ce que ces villages sont célèbres?
Est-ce que ces hommes sont jeunes?
Est-ce que ces amis sont sincères?
Est-ce que ces artistes sont intéressants?
Est-ce que ces amies sont sincères?
Est-ce que ces idées sont intéressantes?

NOTE GRAMMATICALE

A demonstrative adjective (this, that) agrees in French with the noun it modifies.

	singular	**plural**
feminine	cette maison	ces maisons
masculine	ce garçon	ces garçons
	cet arbre	ces arbres

The masculine singular before a vowel is *cet*. A *z* sound is heard between the demonstrative adjective *ces* and a word beginning with a vowel.

EXERCICES ÉCRITS

A. Complete the following sentences with an appropriate word.

1. Il _____ une pierre dans le trou.
2. Il n'y a personne avec moi. Je suis _____.
3. L'homme n'est pas jeune. Il est _____.
4. Il n'est pas gros. Il est _____.
5. Le petit garçon n'a pas de _____. Il est trop jeune.

B. Complete the sentences with the correct form of the indicated verb.

1. *promettre* Je ne _____ rien.
2. *mettre* Qu'est-ce que tu _____ sur la table?
3. *permettre* Est-ce que vous _____ de jouer au football?
4. *mettre* Nous ne _____ pas les pieds sur la table.
5. *permettre* Elle _____ de crier.
6. *mettre* Ils _____ de l'argent dans le sac.
7. *promettre* Nous ne voulons pas _____.

C. Follow the model.

Regarde le livre.
Regarde-le!

1. Regarde la peinture!
2. Écoutez les disques!
3. Ouvrons la porte!
4. Trouve l'usine!
5. Payez l'ouvrier!

D. Rewrite the following sentences, substituting an object pronoun for the words in italics.

1. Elle prend *la photo*.
2. Nous attendons *le métro*.
3. J'écoute *la musique*.
4. Il étudie *le français*.
5. Les amis attrapent *les poissons*.
6. Elles allument *le feu*.

E. Answer each question negatively, using an object pronoun.

1. Est-ce que Suzanne traverse la rue?
2. Est-ce que Pierre paie le dîner?
3. Est-ce que l'agent arrête la voiture?
4. Est-ce que Marie cherche les livres?
5. Est-ce que les touristes visitent le château?
6. Est-ce que le banquier offre l'argent?

F. Rewrite the following sentences in the negative.

1. Prends-le!
2. Oubliez-la!
3. Choisissez-les!
4. Arrêtez-le!
5. Promets-la!

Alexandre Dumas fils
Hubert Josse/EPA

G. Complete the following sentences with an appropriate word.

1. Le _____ du héros est Edmond Dantès.
2. Nous dansons au _____.
3. Le _____ est un bijou.
4. Le livre n'est pas sur la table. Il est _____ la table.

H. In the following groups of words, choose the word that does not belong.

1. argent/or/diamant/arbre
2. splendide/misérable/fantastique/fabuleux
3. tendre/sincère/rocher/généreux
4. rocher/sable/pierre/poisson

I. Rewrite the following sentences in the plural. Make all necessary changes.

1. Toute l'île est déserte.
2. Tout le musée est intéressant.
3. Toute la prison est froide.
4. Toute la région est riche.
5. Tout le gouvernement est honnête.
6. Toute la plage est pleine.

J. Rewrite the following sentences in the singular. Make all necessary changes.

1. Toutes les histoires sont fantastiques.
2. Toutes les villes sont magnifiques.
3. Tous les sacs sont pleins.
4. Tous les voyages sont intéressants.
5. Tous les avions sont prêts.
6. Toutes les vallées sont riches.

K. Follow the model.

La mère est heureuse. *Le père*
Le père est heureux aussi.

1. Le gouvernement est généreux. *La famille*
2. Le château est mystérieux. *Les prisons*
3. La glace est délicieuse. *Les gaufres*
4. L'enfant est courageux. *Les soldats*
5. Les femmes sont heureuses. *La jeune fille*

L. Rewrite the following sentences in the plural.

1. Cette maison est jolie.
2. Ce gardien est maigre.
3. Cette vue est magnifique.
4. Ce sport est difficile.
5. Cet arbre est mort.
6. Cette usine est grande.

M. Rewrite the following sentences in the singular.

1. Ces vallées sont profondes.
2. Ces histoires sont intéressantes.
3. Ces hommes sont faibles.
4. Ces diamants sont brillants.
5. Ces truites sont énormes.
6. Ces artistes sont intelligents.

N. Answer the following questions in paragraph form.

Est-ce qu'Edmond Dantès est un jeune marin marseillais?
Une nuit, est-ce que Dantès est arrêté?
Est-ce que les ennemis de Dantès l'accusent d'un crime?
Dantès est-il innocent?
Où est-ce que les gardiens l'emmènent?
Qui est-ce que Dantès trouve dans la cellule voisine?
Comment est Faria?
Qu'est-ce que Faria donne à Dantès?
Comment est-ce que Dantès sort de la prison?
Comment est-ce qu'il arrive à la côte?
Est-ce que Dantès cherche l'île de Monte-Cristo?
Comment est-ce qu'il trouve le trésor?
Comment est le trésor?
Est-ce que Dantès est riche maintenant?
Est-ce qu'il va habiter à Paris?
Quel nom prend-il?
Est-ce qu'il donne des fêtes?
Est-ce qu'il est bientôt vengé?
À qui est-ce qu'il donne le trésor de Monte-Cristo?
Où va-t-il?
Avec qui part-il?

Quinzième
Leçon

Première partie
Vocabulaire

1. Le guerrier est très fier.
   C'est un homme fort.
   Il souffle dans son cor.
   Il garde sa belle épée à la ceinture.

2. Le soleil est brûlant.
   Les guerriers sont épuisés.
   Le guerrier blond est blessé.
   Il est à terre.
   Le guerrier brun lave sa blessure.

la bataille   le combat
le cadeau   le présent
le neveu   l'enfant d'un frère ou d'une sœur
la lutte   la bataille, le combat
protéger   offrir la protection
lutter   entrer dans le combat
brûlant, -e   extrêmement chaud   Le feu est brûlant.
épuisé, -e   extrêmement fatigué
ensemble   Robert est avec Pierre. Les deux amis sont ensemble.

l'armée (f.)	noble	aider
le géant	brave	assembler
la cause	merveilleux, merveilleuse	séparer
le combat	magique	
le danger	précieux, précieuse	
le courage		
l'aide (f.)		

EXERCICES DE VOCABULAIRE

A. Answer the following questions.

1. Est-ce que le guerrier est humble ou est-ce qu'il est fier?
2. Est-il fort?
3. Souffle-t-il dans son cor?
4. Qu'est-ce qu'il garde à sa ceinture?
5. Est-ce que le soleil est brûlant?
6. Les guerriers sont-ils épuisés?
7. Qui est blessé?
8. Qui lave la blessure du guerrier blond?
9. Est-ce que les deux hommes sont séparés ou est-ce qu'ils sont ensemble?

B. Give a synonym for each of the following.

1. extrêmement chaud
2. extrêmement fatigué
3. le présent
4. la lutte

C. Find the word that does not belong in each of the following series.

1. frère/père/mère/épée/neveu/sœur
2. noble/brave/blessé/courageux/fort
3. pierre/toujours/épée/couteau/bâton
4. fatigué/magique/épuisé/blessé/malade
5. guerrier/cuisine/soldat/capitaine/marin

Lecture
La Légende de Roland

Roland

En l'année 770, les Français ont un roi. C'est Charlemagne. Charlemagne a une grande armée. Il a près de lui douze guerriers nobles et braves qui l'aident dans toutes ses batailles.

Roland est l'un de ces douze guerriers. C'est le neveu du roi. Roland est brun. Il est fort, et grand comme un géant. Il est fier. Il est très courageux. Roland est plus fort et plus brave que ses amis. C'est le guerrier favori de Charlemagne.

Un jour, Charlemagne assemble ses guerriers. Il annonce: «Roland va partir. Il va lutter pour ma cause. Je donne à mon neveu deux cadeaux merveilleux pour l'aider dans ses combats.» Charlemagne offre à Roland un cor magique et une épée fabuleuse. Le roi parle à Roland: «Roland, voici une épée. Voici un cor. Si tu es en danger, souffle dans ton cor. Je peux l'entendre même si tu es au bout du monde. Je viendrai à ton aide.»

Roland est très fier de ces cadeaux. Pour lui, ils sont plus précieux que l'or et l'argent. Il donne un nom à son épée merveilleuse. C'est Durandal.

voici   *here is*

même si ... monde   *even if you are at the end of the world*

Je viendrai   *I shall come*

225

Roland part seul. Il va par le monde. Avec Durandal, il lutte contre les ennemis de Charlemagne. Personne n'est plus brave que lui. Il est magnifique dans les batailles avec son cor à la ceinture et Durandal à la main. Sa belle épée brille au soleil. Elle le protège.

• • •

inconnu *unknown*

Un jour, Roland est dans un pays étranger, loin de la France. Il entre en lutte contre un guerrier blond inconnu. Les deux hommes sont grands. Tous deux sont forts et très braves. Ils luttent avec grand courage.

toute la journée *all day*

Le combat commence le matin, et continue toute la journée sous le soleil brûlant. Les deux hommes sont épuisés, mais ils luttent encore. Quand l'épée du guerrier blond est cassée, Roland met Durandal à terre. Les deux guerriers continuent la lutte avec des bâtons. La nuit tombe, et le combat continue. Ils luttent toute la nuit.

suivant *following*
à l'instant *immediately*

Le matin suivant, le guerrier blond est blessé. Il tombe. Roland arrête le combat à l'instant. Il aide le guerrier blond. Il lave sa blessure, et demande: «Quel est ton nom?» «Olivier,» répond le guerrier blond. Et il ajoute: «Tu es plus fort que moi. Qui es-tu?» «Je suis Roland, neveu de Charlemagne. Je suis maintenant ton ami.»

ajoute *adds*

À l'avenir *In the future*

Les deux guerriers promettent: «À l'avenir, nous allons rester toujours ensemble. Nous ne sommes plus ennemis. Nous sommes deux frères. Rien ne peut nous séparer.»

nous séparer *separate us*

QUESTIONS

1. Qui est roi des Français en 770?
2. Est-ce que Charlemagne a près de lui douze guerriers?
3. Est-ce que Roland est le neveu de Charlemagne?
4. Pourquoi Roland est-il le favori de Charlemagne?
5. Un jour, est-ce que Charlemagne annonce le départ de Roland?
6. Qu'est-ce que Charlemagne donne à son neveu?
7. Est-ce que Roland peut souffler dans son cor s'il est en danger?
8. Est-ce que Charlemagne peut l'entendre?

9. Est-ce que Roland est fier des cadeaux de Charlemagne?
10. Quel nom donne-t-il à sa merveilleuse épée?
11. Où va Roland?
12. Est-ce qu'il lutte pour son roi?
13. Qui est plus brave que lui?
14. Où est Roland quand il entre en lutte avec le guerrier blond inconnu?
15. Quand commence le combat?
16. Est-ce que les deux guerriers arrêtent le combat quand ils sont fatigués?
17. Est-ce qu'ils arrêtent la lutte quand l'épée du guerrier blond est cassée?
18. Est-ce qu'ils luttent encore pendant la nuit?
19. Le matin suivant, qui est blessé?
20. Est-ce que Roland continue le combat?
21. Est-ce que Roland aide le guerrier inconnu?
22. Quel est le nom du guerrier inconnu?
23. Est-ce que Roland est plus fort qu'Olivier?
24. Est-ce que Roland veut être l'ami d'Olivier?
25. Est-ce que les deux guerriers vont rester ensemble, à l'avenir?
26. Sont-ils encore ennemis?
27. Qu'est-ce qui peut les séparer?

Un village dans les Pyrénées
Alain Keler from EPA

Structure

Le comparatif

A. Répétez.

Le Canada est plus grand que la France.
Paris est plus petit que New York.
Roland est plus fort qu'Olivier.
Roland est plus fort que lui.

B. Répondez.

Est-ce que le Canada est plus grand que la
France?
Est-ce que la Suisse est plus petite que la
France?

Est-ce que le mont McKinley est plus haut que
le mont Blanc?
Est-ce que le mont Everest est plus haut que
le mont McKinley?
Est-ce que Roland est plus fort qu'Olivier?
Est-ce que Roland est plus fort que lui?
Est-ce que Babette est plus petite que Denise?
Est-ce que Babette est plus petite qu'elle?
Est-ce que les hommes sont plus grands que les
garçons?
Est-ce que les hommes sont plus grands qu'eux?

NOTE GRAMMATICALE

To express the idea of "taller than," "smaller than," etc., the French
use the following construction:

plus + adjective (or adverb) + *que* (or *qu'*)

New York est plus grand que Paris.
Roland est plus fort qu'Olivier.

When a pronoun is used after *que,* it is the disjunctive pronoun.

Elle est plus intelligente que lui.
Tu es plus fort que moi.

Adjectifs possessifs

sa, son

A. Répétez.

Voilà la sœur de Marie. Voilà sa sœur.
Voilà le frère de Marie. Voilà son frère.
Voilà l'amie de Marie. Voilà son amie.

B. Répondez.

Est-ce que c'est la sœur de Marie?
Est-ce que c'est la mère de Marie?
Est-ce que c'est la ceinture du voyageur?

Est-ce que c'est la barbe de l'homme?
Est-ce que c'est la voiture de Richard?
Est-ce que c'est la bicyclette du garçon?

Est-ce que c'est le château du roi?
Est-ce que c'est le cor du guerrier?
Est-ce que c'est le chandail de Madeleine?
Est-ce que c'est le livre de Jeanne?
Est-ce que c'est le neveu du professeur?
Est-ce que c'est l'épée de Roland?
Est-ce que c'est l'amie de Mireille?
Est-ce que c'est l'ami d'Antoine?

ses

A. Répétez.

Ce sont les disques de Robert. Ce sont ses
  disques.
Ce sont les sœurs de Robert. Ce sont ses sœurs.
Ce sont les amis de Pierre. Ce sont ses amis.

B. Répondez.

Est-ce que ce sont les disques de Robert?
Est-ce que ce sont les sœurs de Robert?
Est-ce que ce sont les peintures de Marie?
Est-ce que ce sont les skis de Carole?
Est-ce que ce sont les billets de Philippe?
Est-ce que ce sont les chandails du garçon?
Est-ce que ce sont les amis du garçon?
Est-ce que ce sont les amies de la fille?
Est-ce que ce sont les enfants de la mère?

ma, ta

A. Répétez.

Voilà la maison. C'est ma maison.
Voilà une guitare. C'est ta guitare.

B. Répondez.

Est-ce que c'est ta guitare?
Est-ce que c'est ta maison?
Est-ce que c'est ta classe?
Est-ce que c'est ta ceinture?
Est-ce que c'est ta place?
Est-ce que c'est ta bicyclette?

C. Demandez.

Demandez à une voisine si c'est sa voiture.
Demandez à un voisin si c'est sa maison.
Demandez à une camarade si c'est sa bicyclette.
Demandez à un ami si c'est sa place.
Demandez à une amie si c'est sa guitare.

mon, ton

A. Répétez.

Voilà le livre. C'est mon livre.
Voilà l'autobus. C'est mon autobus.

Voilà le sac. C'est ton sac.
Voilà l'adresse. C'est ton adresse.

Dans les Pyrénées
Alain Keler from EPA

B. Répondez.

Est-ce que c'est ton livre?
Est-ce que c'est ton autobus?
Est-ce que c'est ton avion?
Est-ce que c'est ton sac?
Est-ce que c'est ton ballon?
Est-ce que c'est ton bateau?
Est-ce que c'est ton trésor?
Est-ce que c'est ton ami?
Est-ce que c'est ton amie?
Est-ce que c'est ton adresse?

C. Demandez.

Demandez à une fille si c'est son livre.
Demandez à un garçon si c'est son chandail.
Demandez à une amie si c'est son parfum.
Demandez à un ami si c'est son frère.
Demandez à un voisin si c'est son amie.

mes, tes

A. Répétez.

Voilà des disques. Ce sont mes disques.
Voilà des amies. Ce sont mes amies.
Voilà des livres. Ce sont tes livres.
Voilà des amis. Ce sont tes amis.

B. Répondez.

Est-ce que ce sont tes livres?
Est-ce que ce sont tes billets?
Est-ce que ce sont tes frères?
Est-ce que ce sont tes ceintures?
Est-ce que ce sont tes diamants?
Est-ce que ce sont tes fleurs?
Est-ce que ce sont tes frites?
Est-ce que ce sont tes amis?
Est-ce que ce sont tes amies?

C. Demandez.

Demandez à un voisin si ce sont ses livres.
Demandez à une voisine si ce sont ses papiers.
Demandez à un garçon si ce sont ses billets.
Demandez à une fille si ce sont ses amis.

NOTE GRAMMATICALE

A possessive adjective agrees with the noun it modifies.

English equivalent	feminine singular	masculine singular	feminine/masculine plural
my	ma sœur	mon frère	mes sœurs/frères
your	ta sœur	ton frère	tes sœurs/frères
his/her	sa sœur	son frère	ses sœurs/frères

When the noun modified begins with a vowel, the masculine form of the possessive adjective is used for both masculine and feminine nouns:

mon ami   ton ami   son ami
mon amie   ton amie   son amie

In the plural, *mes, tes,* and *ses* link with a *z* sound to a following vowel.

mes allumettes   tes amies   ses enfants

Deuxième partie
Vocabulaire

1. Le berger est debout dans la
   vallée étroite.
   Il joue de la flûte.
   Le son de la flûte sonne dans la vallée.

2. L'enfant est plein de rage.
   Il pleure.
   Il donne des coups sur la table.

la cassure   la fracture   La jambe est cassée. La jambe a une cassure.

écrasé, -e   le contraire de *victorieux*   L'armée victorieuse gagne la bataille. L'armée ennemie est écrasée.

derrière   le contraire de *devant*

faible   le contraire de *fort*   Cet homme est vieux et malade. Il est faible.

dur, -e   solide, difficile à casser   Le mur est dur. Le rocher est dur. Le métal est dur. Le diamant est dur.

tard   le contraire de *tôt*

adieu   Il part pour toujours. Il crie «Adieu».

puis   ensuite

nouveau, nouvel, nouvelle   le contraire de *vieux*

la flûte	intact, -e	attaquer
la plaine	victorieux, victorieuse	trembler
la rage		retourner

EXERCICES DE VOCABULAIRE

A.   Answer the following questions.

1. La vallée est-elle large ou est-elle étroite?
2. Le berger est-il debout?
3. De quel instrument joue-t-il?
4. Qu'est-ce qui sonne dans la vallée?
5. L'enfant est-il heureux?
6. Est-ce qu'il pleure?
7. Donne-t-il des coups sur la table?

B.   Give the opposite of the following.

1. victorieux
2. devant
3. tôt
4. fort

Lecture
La Légende de Roland

La Brèche de Roland

C'est l'année 778. Charlemagne et ses guerriers luttent en Espagne contre les Maures. Les guerriers de Charlemagne sont les plus braves. Ils gagnent la bataille. Et puis, ils rentrent en France. Ils traversent les Pyrénées vers le nord.

Roland et son ami Olivier veulent protéger l'armée de Charlemagne. Ils restent en arrière. Les ennemis sont cachés dans les plus hautes montagnes. Ils laissent passer Charlemagne et son armée. Ils attendent Roland et son petit groupe.

Après trois jours de voyage, Charlemagne est loin devant Roland. Il est dans la plaine en France. Roland et ses hommes sont encore dans les hautes montagnes. Ils traversent une vallée étroite et sombre. Quand Roland et ses amis arrivent, les ennemis attaquent. Ils lancent des rochers énormes sur les guerriers dans la vallée. Les Français luttent avec grand courage, mais ils sont vingt contre mille. Les ennemis sont les plus forts. Les guerriers français sont écrasés.

Bientôt, tous les Français sont tombés. Seuls Olivier et Roland restent debout. Ils veulent continuer la lutte, mais ils sont blessés. Ils sont trop faibles.

Roland comprend qu'il ne peut plus lutter. Il ne veut pas laisser son épée aux mains des ennemis. Durandal est la plus merveilleuse de toutes les épées. Il veut la casser. Il frappe la montagne avec sa belle épée. Le bruit des coups sonne dans la vallée. Le rocher est dur, mais Durandal est plus dure encore. L'épée n'est pas cassée. Roland frappe encore, mais en vain. La montagne tremble. L'épée reste intacte. C'est la montagne qui est cassée. Avec un bruit terrible, elle s'ouvre du haut en bas. Il y a maintenant une cassure profonde dans la montagne. C'est la Brèche de Roland.

Roland est épuisé. Il cache sa bonne épée Durandal sous un arbre. Il reste près d'elle avec Olivier. Les deux amis sont toujours ensemble. Roland dit adieu à son ami. Enfin, il souffle dans son cor. Il appelle Charlemagne. Il demande son aide.

Charlemagne est très loin dans la plaine en France. Le guerrier Ganelon est près de lui. Ganelon est un guerrier courageux, mais il n'aime pas Roland. Roland est le plus fort et le plus brave de tous. Roland est le favori de Charlemagne. Ganelon est jaloux de Roland. Il veut sa mort.

Charlemagne dit: «J'entends Roland qui souffle dans son cor. Il appelle à l'aide.»

Ganelon répond: «Non, ce sont des bergers qui jouent de la flûte dans la montagne.»

L'armée de Charlemagne continue son voyage. Très loin dans la montagne, Roland appelle encore.

Charlemagne dit: «C'est le cor de Roland. Retournons dans la montagne. Allons l'aider!»

Ganelon répond: «Non. Roland est brave. C'est le guerrier le plus fort de tous. Il a des hommes avec lui. Ici, l'armée est fatiguée après ce long voyage. Restons dans la plaine.»

Une dernière fois, Roland souffle dans son cor. Charlemagne dit enfin: «Roland appelle. Allons à son aide.»

Avec ses hommes, Charlemagne retourne dans les Pyrénées. Il escalade la montagne. Il arrive dans la haute vallée. Mais il est trop tard. Charlemagne trouve tous ses guerriers morts. Il trouve Roland et Olivier tombés l'un près de l'autre. Pour Charlemagne, c'est le jour le plus terrible de sa vie. Il souffre. Il pleure.

Les ennemis sont cachés derrière les rochers. Pleins de rage, les Français attaquent les ennemis. Maintenant commence la bataille la plus terrible de toutes. Bientôt, l'ennemi est écrasé. Charlemagne est victorieux. Roland et ses hommes sont vengés.

Voilà l'histoire de Roland, le noble guerrier.

QUESTIONS

1. Quelle année est-ce?
2. Contre qui Charlemagne lutte-t-il en Espagne?
3. Les Français restent-ils en Espagne après la bataille?
4. Quelles montagnes traversent-ils?
5. Pourquoi Roland et Olivier restent-ils en arrière?
6. Où les ennemis sont-ils cachés?
7. Est-ce que les ennemis attaquent l'armée de Charlemagne?
8. Qui attendent-ils?
9. Après trois jours de voyage, où sont Charlemagne et son armée?
10. Où sont Roland et ses hommes?
11. Comment les ennemis attaquent-ils le groupe de Roland?
12. Les ennemis sont-ils les plus forts?
13. Est-ce que tous les Français sont tombés?
14. Qui reste debout?
15. Roland comprend-il qu'il ne peut plus lutter?
16. Pourquoi veut-il casser Durandal?
17. Est-ce qu'il frappe la montagne avec son épée?
18. Pourquoi Roland ne peut-il pas casser son épée?
19. Est-ce que c'est la montagne qui est cassée?
20. Où Roland cache-t-il son épée?
21. Roland et Olivier sont-ils toujours ensemble?
22. Qu'est-ce que Roland dit à son ami?
23. Ensuite, comment appelle-t-il Charlemagne?

24. Qui est près de Charlemagne dans la plaine en France?
25. Pourquoi Ganelon est-il jaloux de Roland?
26. Ganelon veut-il la mort de Roland?
27. Charlemagne entend-il le cor de Roland?
28. Qu'est-ce que Ganelon répond à Charlemagne?
29. Est-ce que Charlemagne veut aller aider Roland?
30. Que répond Ganelon, cette fois?
31. Combien de fois Roland souffle-t-il dans son cor?
32. Est-ce que Charlemagne va enfin à son aide?
33. Qu'est-ce que Charlemagne trouve quand il arrive dans la haute vallée?
34. Olivier et Roland sont-ils toujours ensemble?
35. Est-ce que c'est un jour terrible pour Charlemagne?
36. Où sont cachés les ennemis?
37. Les Français attaquent-ils?
38. La bataille est-elle terrible?
39. Qui est victorieux?
40. Roland et ses amis sont-ils vengés?

Un village dans les Pyrénées

Alain Keler from EPA

Structure

Les adjectifs qui précèdent le nom

A. Répétez.

C'est une jeune fille.
C'est une grosse voiture.
C'est un grand patron.

B. Substituez.

C'est une | petite / bonne / belle / grande / grosse / vieille | ville.

Voilà un | joli / grand / vieux / petit / beau | parc.

C. Répondez.

Est-ce que c'est une belle fille?
Est-ce que c'est un bel homme?
Est-ce que c'est un beau garçon?
Est-ce que c'est une vieille femme?
Est-ce que c'est un vieil homme?
Est-ce que c'est un vieux château?
Est-ce que c'est une nouvelle idée?
Est-ce que c'est un nouvel avion?
Est-ce que c'est un nouveau livre?

NOTE GRAMMATICALE

Most adjectives follow the noun in French. However, some of the most frequently used adjectives generally precede the noun. Some of these adjectives are:

bon, grand, petit, jeune, joli, gros, haut, long

Note that the adjectives *beau, nouveau,* and *vieux* have a special masculine form before words beginning with a vowel or silent *h*.

une belle place	une nouvelle maison	une vieille ville
un bel arbre	un nouvel ami	un vieil homme
un beau parc	un nouveau monument	un vieux monument

Le superlatif

A. Répétez.

Voilà trois garçons.
Guillaume est le plus grand.

Guillaume est le plus grand des trois.
Voilà des océans.
L'océan Pacifique est le plus grand.
L'océan Pacifique est le plus grand de tous.

B. Transformez d'après le modèle.

Ce pays est grand.
Ce pays est le plus grand du monde.

Ce fleuve est long.
Ce pays est grand.
Cette fille est petite.
Ce garçon est intelligent.
Cette championne est forte.
Cette montagne est haute.
Ces peintures sont jolies.
Ces arbres sont grands.

C. Répétez.

C'est la plus petite fille de la classe.
C'est le plus grand garçon de la classe.
C'est le pays le plus intéressant du monde.
C'est le fleuve le plus long du monde.

D. Répondez d'après les modèles.

La fille est petite?
Oui, c'est la plus petite fille de la classe.

Le garçon est grand?
L'homme est vieux?
La fille est petite?
Le livre est gros?
La peinture est jolie?

La fille est intelligente?
Oui, c'est la fille la plus intelligente de la ville.

Le garçon est intelligent?
La fille est intéressante?
La peinture est fantastique?
Cet homme est heureux?
Cette robe est charmante?

NOTE GRAMMATICALE

The superlative ("highest," "tallest," "most interesting") is formed by using *le, la,* or *les* before *plus* and the adjective.

C'est l'homme le plus heureux du monde.

If the adjective normally follows the noun, the superlative also follows. If the adjective normally precedes the noun, the superlative also precedes.

C'est le garçon le plus intéressant de la classe.
C'est la plus belle ville du monde.

Note that *de* (*de la, du, des*) follows the superlative.

Une armée

EXERCICES ÉCRITS

A.   Complete the following with an appropriate word.

1. L'homme est extrêmement fatigué. Il est _____.
2. Les amis sont _____. Ils ne sont pas séparés.
3. La voiture est sale. Je vais la _____.
4. Jean est l'enfant de mon frère. Jean est mon _____.
5. Il est blessé. Mais la _____ n'est pas grave.
6. Il fait très chaud. Le soleil est _____.
7. L'_____ lutte contre les ennemis.
8. Cet homme est très grand. C'est un _____.

B.   Follow the model.

L'océan Atlantique/grand/la mer Méditerranée.
L'océan Atlantique est plus grand que la mer Méditerranée.

1. Le professeur/heureux/moi
2. Le français/facile/les mathématiques
3. La voiture rouge/chère/la voiture noire
4. Bernadette/intelligente/Claudine
5. Les Alpes/hautes/les Pyrénées

Answer the following questions with a complete sentence, using the possessive adjective.

1. Est-ce que c'est la sœur de Jeannette?
2. Est-ce que c'est l'armée du général?
3. Est-ce que c'est la ceinture de Jean-Pierre?
4. Est-ce que c'est le nom du voyageur?
5. Est-ce que ce sont les amies de Philippe?
6. Est-ce que c'est l'épée du héros?
7. Est-ce que c'est le neveu de Charlemagne?
8. Est-ce que ce sont les aventures de l'équipe?

D. **Follow the model.**

C'est un livre.
C'est ton livre, pas mon livre.

1. C'est une maison.
2. C'est un bateau.
3. C'est un trésor.
4. C'est une adresse.
5. C'est une place.
6. Ce sont des amis.

E. **Complete the following with an appropriate word.**

1. Il n'est pas fort. Il est _____ .
2. La vallée n'est pas large. Elle est _____ .
3. Il n'est pas devant la table. Il est _____ la table.
4. Il donne des _____ sur le rocher.
5. Le mur est solide. Il est _____ .
6. Il n'arrive pas tôt. Il arrive très _____ .
7. La jambe est cassée. Elle a une _____ .

F. **Follow the model.**

voiture/petite/rouge
Voilà une petite voiture rouge.

1. homme/gros/fatigué
2. fille/jeune/brune
3. femme/grande/élégante

4. livre/petit/intéressant
5. patron/grand/généreux
6. région/haute/fertile
7. maison/jolie/verte
8. homme/bel/intelligent
9. hôtel/vieil/intéressant

G. **Follow the model.**

Ce garçon est grand.
Ce garçon est _____ de l'équipe.
Ce garçon est le plus grand de l'équipe.

1. Le fleuve est long.
Le fleuve est _____ du pays.
2. Le chandail vert est joli.
Le chandail vert est _____ de la boutique.
3. Jérôme est heureux.
Jérôme est le garçon _____ du monde.
4. Ce restaurant est élégant.
Ce restaurant est _____ de la ville.
5. Juliette est heureuse.
Juliette est la fille _____ de la classe.

H. **Write three sentences about each of the following.**

1. Charlemagne
2. Roland
3. Ganelon
4. Olivier

Seizième
Leçon

Première partie
Vocabulaire

1. La cathédrale a deux tours en haut.
   La fille a peur.
   Elle n'aime pas le bruit du tonnerre.

2. Le sonneur fait sonner la cloche.
   Il tire sur la corde.
   Il a les bras très forts.
   La cloche sonne à grands coups.

3. Quasimodo est laid.
   Il a une figure très laide.
   Il a deux larges oreilles.
   Il a la bouche énorme et les dents longues.
   Il rit.
   Il fait des grimaces.

la tonne   mille kilogrammes
l'écrivain   une personne qui est l'auteur de livres
méchant, -e   cruel, -le
court, -e   le contraire de *long*
sourd, -e   qui a les oreilles malades, qui n'entend pas
lourd, -e   gros, difficile à porter, difficile à bouger
joyeux, joyeuse   heureux, heureuse
au milieu de   au centre de

la façade	pur, -e
la fabrication	capable
la tonne	horrible
le monstre	liquide

Notre-Dame de Paris

EXERCICES DE VOCABULAIRE

A. Answer the following questions.

1. Combien de tours est-ce qu'il y a en haut de la façade de la cathédrale?
2. Est-ce que la fille a peur?
3. Aime-t-elle le bruit du tonnerre?
4. Qui fait sonner la cloche?
5. Comment est-ce qu'il fait sonner la cloche?
6. Est-ce qu'il a les bras forts?
7. Comment sonne la cloche?
8. Quasimodo est-il laid ou est-il beau?
9. Comment sont ses oreilles?
10. Comment sont ses dents et sa bouche?
11. Est-ce qu'il rit?
12. Est-ce qu'il fait des grimaces quand il rit?

B. Give the word being defined.

1. la personne qui fait sonner la cloche
2. cruel
3. qui n'entend pas
4. mille kilogrammes
5. difficile à bouger
6. heureux
7. le contraire de *beau*
8. le contraire de *long*

Lecture
Le Sonneur de Notre-Dame

Les Cloches de Notre-Dame

À Paris, dans l'île de la Cité, au milieu de la Seine, il y a une cathédrale très belle. C'est la cathédrale Notre-Dame de Paris. Sa façade, ses deux tours et ses cloches sont célèbres.

Les gens aiment monter en haut des tours de Notre-Dame pour visiter les cloches. Ils aiment toucher les cloches et les faire sonner. La plus grosse cloche est haute comme une maison. C'est une cloche énorme de treize tonnes. Au temps de sa fabrication, les femmes de Paris ont lancé dans son métal liquide des bijoux d'or et d'argent. C'est pourquoi elle a un son très pur.

Les jours de fête, quand la grosse cloche sonne à grands coups, toute la tour tremble.

Depuis huit siècles, les Parisiens écoutent, chaque jour, les cloches de la cathédrale. Le grand écrivain Victor Hugo a raconté l'histoire de Quasimodo, le sonneur de Notre-Dame.

Au temps de sa fabrication *At the time it was being built*
ont lancé *threw*

Depuis . . . écoutent *For 8 centuries, the Parisians have listened to*
a raconté *told*

245

L'histoire commence en 1482, à Paris. La cathédrale Notre-Dame a trois cents ans. Ses cloches sonnent tous les dimanches et jours de fête. Elles font un bruit joyeux.

Les cloches de Notre-Dame sont très lourdes. Un seul homme est capable de les faire sonner. C'est Quasimodo.

Quasimodo n'est pas beau. Il a une tête de monstre, des cheveux noirs, une large figure avec des yeux rouges, une bouche énorme, des dents très longues, et de grandes oreilles. Quand il veut faire un sourire, il fait des grimaces horribles. Ses bras sont très longs et très forts, mais ses jambes sont maigres et courtes. Il a une épaule plus haute que l'autre.

Quasimodo est seul. Il n'a pas de famille. Il n'a pas d'ami. Il est trop laid. Il fait peur.

Les seules amies de Quasimodo sont les cloches. Il habite près d'elles dans la tour de Notre-Dame. Il est heureux quand il les fait sonner. Joyeux, il saute, il tire sur la corde avec les pieds et avec les mains. Il parle avec les cloches, il crie, il chante, il rit comme un fou. Les cloches sonnent avec un bruit de tonnerre, mais Quasimodo ne les entend pas. Il est sourd.

Quasimodo a l'air d'un monstre, mais il n'est pas méchant. Si les gens sont bons pour lui, il ne les oublie pas.

QUESTIONS

1. Dans quelle ville est l'île de la Cité?
2. Quel fleuve traverse Paris?
3. Quelle cathédrale célèbre est située dans l'île de la Cité?
4. Est-ce qu'il y a des cloches dans les tours de Notre-Dame?
5. Qu'est-ce que les gens aiment visiter?
6. Est-ce que la grosse cloche est lourde?
7. Pourquoi a-t-elle un son très pur?
8. Qu'est-ce qui tremble quand la cloche sonne?
9. Depuis combien de siècles les Parisiens écoutent-ils les cloches de Notre-Dame?
10. Quel écrivain a raconté l'histoire de Quasimodo?
11. En quelle année commence l'histoire?
12. Quel âge a la cathédrale en 1482?
13. Qu'est-ce qui sonne tous les dimanches?

14. Est-ce que beaucoup d'hommes sont capables de faire sonner les cloches de Notre-Dame?
15. Quel homme est capable de les faire sonner?
16. Quasimodo est-il le sonneur de Notre-Dame?
17. Est-il beau?
18. Décrivez Quasimodo.
19. Pourquoi n'a-t-il pas d'ami?
20. Qui sont ses seules amies?
21. Où habite le sonneur de Notre-Dame?
22. Quand est-il heureux?
23. Comment Quasimodo fait-il sonner les cloches?
24. Est-ce qu'il parle avec les cloches?
25. Est-ce que les cloches font beaucoup de bruit?
26. Est-ce que Quasimodo les entend?
27. Pourquoi ne les entend-il pas?
28. Quasimodo est-il méchant?
29. Oublie-t-il les gens qui sont bons pour lui?

La Seine

Structure

Le verbe *faire*

A. Répétez.

Fais!
Faisons!
Faites!

Infinitif

A. Répétez.

Les cloches vont faire du bruit.
Je veux faire de la musique.
Elle va faire du ski nautique.

B. Répondez.

Est-ce que les cloches vont faire du bruit?
Est-ce qu'il va faire chaud?
Est-ce qu'il va faire froid?
Est-ce que la fille va faire du ski nautique?
Est-ce que tu veux faire de la musique?
Est-ce que tu vas faire du français?
Est-ce que tu vas faire un discours?
Est-ce que tu aimes faire du sport?
Est-ce que tu aimes faire du ski?
Est-ce que tu aimes faire du bruit?

Troisième personne du singulier

A. Répétez.

Joseph fait un voyage.
Suzanne fait du français.

B. Répondez.

Est-ce que le garçon fait un voyage?
Est-ce que la fille fait du camping?
Est-ce que le garçon fait de la musique?
Est-ce que la fille fait du bruit?
Est-ce que le garçon fait le dîner?
Qu'est-ce qu'il fait?

Est-ce que la fille fait du sport?
Qu'est-ce qu'elle fait?
Est-ce que la cloche fait du bruit?

Première personne du singulier

A. Répétez.

Je fais la salade.
Je fais les sandwichs.

B. Répondez.

Est-ce que tu fais la salade?
Qu'est-ce que tu fais?
Est-ce que tu fais les sandwichs?
Qu'est-ce que tu fais?
Est-ce que tu fais du tennis?
Est-ce que tu fais du ski?
Est-ce que tu fais du français?
Est-ce que tu fais de la musique?
Est-ce que tu fais du bruit?

Deuxième personne du singulier

A. Répétez.

Tu fais du sport, n'est-ce pas?
Fais-tu du camping?

B. Demandez.

Demandez à un voisin s'il fait du camping.
Demandez à une voisine si elle fait du sport.
Demandez à un camarade s'il fait de la
      peinture.
Demandez à une camarade si elle fait de la
      musique.

Troisième personne du pluriel

A. Répétez.

Les cloches font du bruit.
Les gens font de la musique.

B. Répondez.

Est-ce que les cloches font du bruit?
Est-ce que les gens font de la musique?
Est-ce que les champions font la course?
Est-ce que les jeunes gens font des
   mathématiques?
Est-ce qu'ils font du français?
Est-ce que les cyclistes font le tour de la France?

Première personne du pluriel

A. Répétez.

Nous faisons du français.
Nous faisons de la peinture.
Nous faisons du bateau.

B. Répondez.

Est-ce que vous faites du français?
Est-ce que vous faites de la peinture?
Est-ce que vous faites du bateau?
Est-ce que vous faites du ski nautique?
Est-ce que vous faites du football?

Deuxième personne du pluriel

A. Répétez.

Vous faites du français, n'est-ce pas?
Faites-vous du ski?

B. Demandez.

Demandez à des voisines si elles font du ski.
Demandez à des voisins s'ils font du football.
Demandez à des camarades s'ils font du bateau.
Demandez à des amies si elles font des voyages.
Demandez à des amis s'ils font du français.
Demandez-moi si je fais du sport.
Demandez-moi si je fais du français.
Demandez-moi ce que je fais.

Expressions avec faire

A. Répétez.

Il fait beau.
Il fait chaud.

B. Répondez.

Est-ce qu'il fait beau aujourd'hui?
Est-ce qu'il fait chaud?
Est-ce qu'il fait froid?
Est-ce qu'il fait noir dans la classe?

NOTE GRAMMATICALE

The verb *faire* is irregular. The forms of this verb are as follows:

present

je fais	nous faisons
tu fais	vous faites
il fait	ils font
elle fait	elles font

imperative
Fais!
Faisons!
Faites!

Les verbes comme *manger* et *commencer*

A. Répétez.

Mange!
Mangeons!
Mangez!

Commence!
Commençons!
Commencez!

Nous nageons.
Nous commençons.
Nous lançons le ballon.

B. Follow the model.

> Je mange, et vous?
> Nous mangeons aussi.

Je voyage, et vous?
Je bouge, et vous?
Je nage, et vous?
Je commence, et vous?
Je lance le ballon, et vous?

Première personne du pluriel

A. Répétez.

Nous mangeons.
Nous voyageons.
Nous bougeons.

NOTE GRAMMATICALE

Verbs whose infinitive ends in *-cer* such as *commencer* and *lancer* and verbs whose infinitive ends in *-ger* such as *manger, voyager, bouger,* and *nager* are first conjugation verbs. However, they require a spelling change in the *nous* form in order to retain the soft *c* and soft *g* sounds. Compare the first person plural of these verbs with that of the other verbs of the first conjugation.

nous mangeons	nous regardons
nous voyageons	nous parlons
nous bougeons	nous patinons
nous commençons	nous préparons
nous lançons	nous restons

The following are two typical verbs conjugated in the present tense.

manger	**commencer**
je mange	je commence
tu manges	tu commences
il mange	il commence
elle mange	elle commence
nous *mangeons*	nous *commençons*
vous mangez	vous commencez
ils mangent	ils commencent
elles mangent	elles commencent

Deuxième partie
Vocabulaire

1. La foule célèbre le Jour des Rois.
   Esméralda chante sur la place.
   Elle a une robe aux couleurs brillantes.
   Elle joue du tambourin.
   Elle danse avec sa chèvre.

2. Quasimodo a une couronne sur la tête.
   Deux hommes le portent en triomphe.

le Jour des Rois   le 6 janvier, l'Épiphanie, douze jours après Noël
la foule   beaucoup de gens
le peuple   les habitants d'une ville ou d'un pays
le maître   qui a de l'autorité, qui domine
durer   continuer d'être, d'exister   La classe dure cinquante-cinq minutes.
saisir   attraper, capturer, prendre possession
livrer   donner, abandonner
muet, -te   qui ne peut pas parler
faussement   L'homme est innocent. Il est faussement accusé.

le geste	gai, -e	obéir
le prince	charmant, -e	torturer
la joie	curieux, curieuse	accuser
la police	cruel, -le	condamner
l'ordre (m.)	secret, secrète	
la sorcellerie	sauvage	
	furieux, furieuse	

EXERCICES DE VOCABULAIRE

A.   Answer the following questions.

1.   Quelle fête célèbre la foule?
2.   Qui chante sur la place?
3.   A-t-elle une robe aux couleurs brillantes?
4.   De quel instrument joue-t-elle?
5.   Avec quel animal danse-t-elle?
6.   Qu'est-ce que Quasimodo a sur la tête?
7.   Qui le porte en triomphe?
8.   Comment les hommes le portent-ils?

B.   Guess what is being defined.

1.   Il ne peut pas parler.
2.   Les Français célèbrent cette fête le 6 janvier.
3.   Il a de l'autorité. Il domine les autres.
4.   Les gens qui habitent dans une ville ou dans un pays.

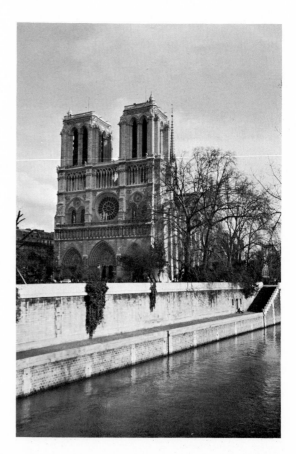

Notre-Dame de Paris
Alain Keler from EPA

Lecture
Le Sonneur de Notre-Dame

Fous	*Fools*	**Le Prince des Fous**

C'est aujourd'hui le 6 janvier 1482. C'est le Jour des Rois. Tout Paris est en fête.

Dans l'île de la Cité, les rues sont pleines d'une foule très gaie. Les marchands vendent des fruits et des pâtisseries. Les gens parlent avec de grands gestes. Ils font beaucoup de bruit, ils crient, ils mangent. Ils célèbrent le Jour des Rois.

Au milieu de la foule il y a une belle jeune fille brune qui joue du tambourin. C'est Esméralda. Elle danse avec sa petite chèvre blanche. Elle chante, elle frappe des mains. Elle est jeune et charmante, avec sa robe aux couleurs brillantes. La foule, curieuse, la regarde.

Sur la place, devant la cathédrale Notre-Dame, le peuple de Paris prépare un défilé. La foule veut choisir un Prince des Fous et le mettre à la tête du défilé. La foule veut choisir un homme très laid. Elle cherche l'homme le plus laid de la ville.

À ce moment, Quasimodo monte en haut de la tour de Notre-Dame. D'habitude, il ne montre jamais sa figure. Il ne sort jamais de sa tour, mais aujourd'hui, c'est un jour de fête. Quasimodo regarde la foule joyeuse au pied de la cathédrale. Il regarde Esméralda qui danse. Quand la foule le voit, tout le monde crie: «Voilà Quasimodo! Bien sûr, c'est lui, le Prince des Fous! Vive Quasimodo!»

Deux hommes très forts montent dans la tour. Ils saisissent le sonneur. Ils l'emmènent sur la place. Sur sa tête, ils mettent une couronne. Ils le portent en triomphe dans la ville.

La foule rit de lui, mais Quasimodo est très fier. Il est à la tête du défilé. Il rit. Il ne comprend rien, mais il est heureux.

• • •

Pour Quasimodo, le jour de fête a commencé dans la joie. Mais sa joie ne va pas durer: pauvre Quasimodo. Il a un maître cruel, c'est Frollo. Frollo a donné un ordre à Quasimodo: «Saisis Esméralda! Porte-la dans la tour de Notre-Dame. Je la veux.» Quasimodo obéit. Il saisit Esméralda. Il veut la livrer à Frollo, mais la police du roi l'arrête. Les gardiens l'emmènent. Ils l'attachent avec des cordes. Quasimodo ne comprend rien. Il ne peut rien expliquer. Il est muet. Il va être torturé.

Quasimodo et Esméralda

Quatre mois ont passé. Aujourd'hui encore, dans l'île de la Cité, il y a une grande foule dans la rue. Mais cette foule a changé. C'est une foule cruelle aujourd'hui.

Esméralda est en danger: elle est faussement accusée de sorcellerie. La foule veut la condamner à mort. Pauvre Esméralda, elle tremble de peur.

Quasimodo veut sauver Esméralda. Un jour, lui aussi a été victime de la foule. Il a été torturé. Ce jour-là, Esméralda a aidé le pauvre sonneur, et il n'a pas oublié.

Quasimodo descend sur la place, il prend Esméralda dans ses bras, et il l'emmène dans la cathédrale. Il ferme les lourdes portes. Il cache la jeune fille dans la tour, près des cloches.

Esméralda n'est plus en danger, maintenant. Quasimodo la protège. Le sonneur laisse la jeune fille dans sa chambre secrète. Il monte en haut des tours de Notre-Dame. Il regarde les gens furieux, en bas. Les cris sauvages de la foule arrivent jusqu'à lui. Les hommes veulent monter dans la tour pour prendre Esméralda.

Glossary (left margin):

D'habitude	Usually
voit	sees
Vive!	Long live!
a été	was
ferme	closes

essayent — *try*

plomb fondu — *liquid lead*

Ils essayent d'escalader la façade de la cathédrale. Mais en vain. Ils tombent les uns sur les autres. Quasimodo rit. Il lance sur eux du plomb fondu.

Aujourd'hui tout a changé. C'est Quasimodo qui rit de la foule.

—*d'après* Notre-Dame de Paris, *de Victor Hugo*

QUESTIONS

1. Quel jour est-ce?
2. Est-ce qu'il y a des gens dans les rues de l'île de la Cité?
3. Qu'est-ce que les marchands vendent?
4. Qu'est-ce que les gens font?
5. Qu'est-ce qu'ils célèbrent?
6. Qui joue du tambourin au milieu de la foule?
7. Qu'est-ce qu'elle fait?
8. Qu'est-ce que le peuple de Paris prépare sur la place?
9. Est-ce que la foule veut mettre un Prince des Fous à la tête du défilé?
10. Les gens veulent-ils choisir un homme beau ou un homme laid?
11. Qui monte en haut de la tour à ce moment?
12. Pourquoi est-ce que Quasimodo montre sa figure aujourd'hui?
13. Est-ce que la foule choisit Quasimodo comme Prince des Fous?
14. Comment les hommes portent-ils Quasimodo?
15. Pourquoi Quasimodo est-il heureux?
16. Est-ce que la joie de Quasimodo va durer?
17. Qui est le maître de Quasimodo?
18. Est-ce que Frollo veut Esméralda?
19. Est-ce que Quasimodo saisit Esméralda?
20. À qui veut-il la livrer?
21. Qui arrête Quasimodo?
22. Pourquoi est-ce que Quasimodo ne peut rien expliquer?
23. Est-ce qu'il va être torturé?
24. Combien de mois ont passé quand commence cette partie de l'histoire?
25. Est-ce qu'il y a encore une grande foule dans la rue?
26. Comment est la foule aujourd'hui?
27. De quoi Esméralda est-elle accusée?
28. Qu'est-ce que la foule veut faire?
29. Pourquoi est-ce que Quasimodo veut sauver Esméralda?
30. Est-ce que Quasimodo saisit Esméralda?
31. Où est-ce que Quasimodo la cache?
32. Esméralda est-elle encore en danger?
33. Est-ce que Quasimodo monte sur les tours?
34. Pourquoi est-ce que les gens veulent escalader la façade?
35. Est-ce que les gens arrivent dans la tour?
36. Qu'est-ce que Quasimodo lance sur les gens?
37. Qui rit aujourd'hui?

Une statue de Victor Hugo

Structure

Le passé composé des verbes en -er

Troisième personne du singulier

A. Répétez.

Un mois a passé.
La cloche a sonné.

B. Répondez.

Est-ce qu'un mois a passé?
Est-ce que la cloche a sonné?
Est-ce que la foule a changé?
Est-ce que le professeur a parlé?
Est-ce que la montagne a tremblé?
Est-ce que l'équipe a gagné?
Est-ce que la fille a lavé la voiture?

Première personne du singulier

A. Répétez.

J'ai chanté.
J'ai travaillé.

B. Répondez.

Est-ce que tu as chanté?
Est-ce que tu as travaillé?
Est-ce que tu as nagé?
Est-ce que tu as payé?
Est-ce que tu as mangé?
Est-ce que tu as voyagé?

Deuxième personne du singulier

A. Répétez.

Tu as changé, n'est-ce pas?
Tu as parlé?

B. Demandez.

Demandez à un voisin s'il a changé.
Demandez à une voisine si elle a parlé.
Demandez à un camarade s'il a écouté.

Demandez à une camarade si elle a mangé.
Demandez à un ami s'il a voyagé.
Demandez à une amie si elle a gagné.

Troisième personne du pluriel

A. Répétez.

Quatre mois ont passé.
Les cloches ont sonné.

B. Répondez.

Est-ce que quatre mois ont passé?
Est-ce que les cloches ont sonné?
Est-ce que les hommes ont changé?
Est-ce que les femmes ont travaillé?
Est-ce que les guerriers ont lutté?
Est-ce que les garçons ont soufflé?
Est-ce que les champions ont gagné?
Est-ce que les artistes ont dessiné la cathédrale?
Est-ce que les soldats ont défilé?

Première personne du pluriel

A. Répétez.

Nous avons chanté.
Nous avons travaillé.

B. Répondez.

Est-ce que vous avez chanté?
Est-ce que vous avez dansé?
Est-ce que vous avez travaillé?
Est-ce que vous avez voyagé?
Est-ce que vous avez parlé anglais?
Est-ce que vous avez lancé le ballon?
Est-ce que vous avez gagné le match?
Est-ce que vous avez attrapé des poissons?
Est-ce que vous avez joué au baseball?
Est-ce que vous avez payé les billets?

Deuxième personne du pluriel

A. Répétez.

Est-ce que vous avez donné un ordre?
Vous avez payé, n'est-ce pas?

B. Demandez.

Demandez à des voisines si elles ont voyagé.
Demandez à des voisins s'ils ont nagé.

Demandez à des camarades si elles ont travaillé.
Demandez à des camarades s'ils ont préparé le
déjeuner.
Demandez à des amis s'ils ont invité le
professeur.
Demandez à des amies si elles ont défilé.
Demandez-moi si j'ai travaillé.
Demandez-moi si j'ai voyagé.

NOTE GRAMMATICALE

You have already studied the present tense of *-er* verbs. You are
now learning the past tense. The most frequently used past tense
is called the *passé composé*. It is used to express an action completed
at a definite time in the past. To form the *passé composé* of most
verbs, the present tense of *avoir* is used with a past participle. The
verb *avoir* is called an auxiliary or helping verb. Study the following
forms of the past participle.

parler	parlé	commencer	commencé
chanter	chanté	manger	mangé

To form the *passé composé,* the following word order is used:

Subject	+ Auxiliary Verb	+ Past Participle
Marie	a	parlé.
Les garçons	ont	chanté.

**Le passé composé dans les phrases
négatives**

A. Répétez.

Je n'ai pas mangé.
Nous n'avons pas écouté.
Il n'a pas payé.

B. Répondez négativement.

Est-ce qu'il a payé?
Est-ce que la montagne a tremblé?
Est-ce que l'armée a attaqué?
Est-ce que l'équipe a gagné?
Est-ce qu'il a neigé?

Est-ce que la cloche a sonné?
Est-ce que les femmes ont travaillé?
Est-ce que vous avez gagné?
Est-ce que vous avez voyagé?
Est-ce que vous avez oublié?
Est-ce que tu as commencé?
Est-ce que tu as décidé?
Est-ce que tu as payé?
Est-ce que tu as mangé?

NOTE GRAMMATICALE

To make the *passé composé* negative, simply make the helping verb *avoir* negative. A typical negative structure:

subject + *n'* + auxiliary + *pas* + past participle

| Le garçon n' | a | pas | travaillé. |
| La fille n' | a | pas | mangé les fruits. |

EXERCICES ÉCRITS

A. Complete the following sentences with an appropriate word.

1. Grand-père n'entend pas bien. Il est _____.

2. Georges écoute une histoire amusante. Il _____.

3. Nous avons des _____ pour entendre.
4. Nous avons une _____ pour parler.
5. Les jours de fête, les _____ de la cathédrale sonnent.
6. La valise est trop _____. Je ne peux pas la porter.

Esméralda: Le jour des Rois
French Cultural Services

B. In the following groups of words, choose the one that does not belong.

1. cathédrale, tour, façade, sonneur
2. jolie, belle, charmante, laide
3. oreilles, ceinture, yeux, bouche
4. écrivain, livre, histoire, siècle

C. Complete the following with the correct form of the verb *faire.*

1. Tu ne _____ rien.
2. Il _____ beau aujourd'hui.
3. Nous _____ du piano.
4. Qu'est-ce que vous _____?
5. Elles _____ trop de bruit.
6. Les cyclistes _____ le tour de la France.
7. Vous ne _____ pas peur.
8. Je _____ de la bicyclette.
9. _____-tu du français?

D. Answer the following questions in the negative.

1. Est-ce que les garçons font du bruit?
2. Est-ce que tu fais la cuisine?
3. Est-ce qu'il fait du ski?
4. Est-ce que vous faites du camping, Monsieur?
5. Fait-il chaud?

E. Write complete answers to the following questions.

1. Est-ce que tu nages?
2. Est-ce que vous mangez?
3. Est-ce que vous commencez le livre?
4. Est-ce que tu lances le ballon?
5. Est-ce que vous bougez la table?
6. Est-ce que vous voyagez beaucoup?

F. Complete the following sentences with an appropriate word.

1. La fête nationale du _____ français est le 14 juillet.
2. Il y a beaucoup de gens dans le métro. Il y a une _____ de gens.
3. Le roi a une _____ sur la tête.
4. L'homme est innocent. Il est _____ accusé.

G. In the following groups of words, choose the word that does not belong.

1. flûte, ceinture, cor, tambourin
2. courte, foule, gens, peuple
3. cruel, méchant, bon, sauvage

H. Rewrite the following sentences in the *passé composé.*

1. Je chante.
2. Les amis dansent.
3. Ils attrapent des poissons.
4. La cloche sonne.
5. Tu manges de la soupe.
6. J'écoute la musique.
7. Vous travaillez.
8. Nous décidons.

I. Rewrite the following sentences in the negative.

1. J'ai payé.
2. Nous avons écouté.
3. Le monde a changé.
4. Il a gagné le match.
5. Vous avez payé.
6. Tu as trouvé son adresse.

J. Answer the following questions in paragraph form.

Est-ce que Quasimodo habite dans la tour de Notre-Dame en 1482?
Est-ce que c'est le sonneur?
Est-ce qu'il est laid?
Est-ce qu'il est sourd et muet?
Quatre mois plus tôt, est-ce qu'il a été torturé?
Est-ce que la belle Esméralda l'a aidé?
Est-ce qu'il a oublié?
Quand Esméralda est en danger, est-ce qu'il veut l'aider?
Est-ce qu'Esméralda est condamnée à mort?
Est-ce que Quasimodo la saisit et l'emmène avec lui?
Est-ce qu'il la cache dans la tour de Notre-Dame?
Esméralda est-elle sauvée maintenant?

Vocabulaire

The number following each entry indicates the lesson in which the word was first presented. New words presented in the *Conversation, Sons et symboles, Lecture,* and *Jeux de mots* are indicated by the following symbols. If these words are presented later as active vocabulary, a second number is given.

C   *Conversation*
S   *Sons et symboles*
L   *Lecture*
A   *Jeux de mots*

à   in; to; by   2
_____ **bord de**   on board, aboard; _____ **pied**   on foot; _____ **table**   (seated) at the table
abandonner   to abandon   16
abonder   to abound, to be plenty   13
abricot (m.)   apricot   9L
accord (m.)   agreement   1
d'_____   okay! agreed!
accusation   (f.)   accusation, charge   16
accuser   to accuse   14
actuel, –le   current, present   13L
addition (f.)   check (in a restaurant)   6
adieu (m.)   good-bye, farewell   10L, 15
adjectif (m.)   adjective   1
admirer   to admire   7
adresse (f.)   address   7
aérien, –ne   air   10L
compagnie aérienne   airline
aéroport (m.)   airport   10
affaire (f.)   affair   15
africain, –e   African   12
Afrique (f.)   Africa   12L
âge (m.)   age   13L
Moyen _____   Middle Ages; **Quel** _____ **a-t-elle?**   How old is she?
agent (m.)   agent   5
_____ **de police**   policeman
agréable   pleasant   6L
aide (f.)   help, aid   15
aider   to help, to aid   7

aimer   to love, to like   7
air (m.)   air; appearance   8L, 14
avoir l'_____   to seem, to appear, to look
ajouter   to add   15L
Alger (f.)   Algiers   12L
Algérie (f.)   Algeria   12L
algérien, –ne   Algerian   12
aller   to go   5
Vas-y!   Go!; **Allons-y!**   Let's go!; **Je vais chanter.**   I am going to sing.
allô   hello (on the telephone)   2C
allumer   to light   9
allumette (f.)   match   9
alors   then   9C
Alpes (f. pl.)   Alps   10L
alpin, –ne   alpine, mountain   13
américain, –e   American   1
Amérique (f.)   America   7L
ami, amie (m. and f.)   friend   1L
amusant, –e   amusing   2L
an (m.)   year   13
avoir treize ans   to be thirteen years old
ancien, –ne   old; ancient   6
anglais (m.)   English   2
anglais, –e   English   1
Angleterre (f.)   England   12L
Nouvelle-_____   New England
animal (m.)   animal   16
année (f.)   year   7L, 14
annoncer   to announce   7
antique   ancient   9L

antique (m.)   antique   15
antiquité (f.)   antiquity, ancient times   13
apparence (f.)   appearance   14
appartement (m.)   apartment   4S, 6
appeler   to call   6
applaudir   to applaud   11
apporter   to bring   6
apprendre   to learn; to find out   12
après   after, afterwards   3C
d'_____   according to
après-midi (m.)   afternoon   4
arabe   Arab, Arabian   12
arbitre (m.)   referee   7
arbre (m.)   tree   14
argent (m.)   money; silver   6, 14
armée (f.)   army   15
arrêté, –e   arrested   14
arrêter   to stop; to arrest   4S, 5
arrière (f.)   back   15L
arrivée (f.)   arrival   7
arriver   to arrive   3L, 7
art (m.)   art   5L
article (m.)   article   2
_____ **défini**   definite article; _____ **indéfini**   indefinite article
artiste (m. and f.)   artist   7
aspect (m.)   aspect; appearance   12L
assembler   to assemble, to bring together   15
assez   pretty, fairly   10C
_____ **de**   enough
assister (à)   to go (to); to see (a show)   13

Atlantique (m.) the Atlantic 11L

l'océan _____ the Atlantic Ocean

attacher to fasten, to attach, to tie up 10

attaquer to attack 7C, 15

attendre to wait for 12

attention exc. look out! listen! 5L

atterrissage (m.) landing 10L

attraper to catch 7

au (à + le) to; on 2, 5

_____ **revoir** good-bye

aujourd'hui today 3

aussi too, also 1L

auteur (m.) author 13

auto (f.) car, auto 3S

autobus (m.) bus 12

autorité (f.) authority 16

autre other 6L, 7

l'_____ the other

aux (à + les) to the; on the 5

avec with 1L

avenir (m.) future 15L

à l'_____ in the future

aventure (f.) adventure 14

avenue (f.) avenue 6

aviation (f.) aviation 10L

compagnie d'_____ airline

avion (m.) airplane 10

en _____ by plane

avoir to have 6

_____ **besoin** to need; _____ **de la chance** to be lucky; _____ **faim** to be hungry; _____ **l'air** to appear, to seem; _____ **peur** to be afraid; _____ **treize ans** to be thirteen years old; **il y a** there is, there are; **Quel âge a-t-elle?** How old is she?

avril (m.) April 3

bac (m.) (**le baccalauréat**) entrance exam into a university 4L

baigner to bathe, to wash 13L

bain (m.) bath 10

salle de bains bathroom

bal (m.) ball, dance 14

ballon (m.) ball 7

banquier (m.) banker 14

barbe (f.) beard 14

bas: en _____ below; **du haut en** _____ from top to bottom 15L

bas, -se low 13L

base-ball (m.) baseball 16

bastion (f.) bastion 9S

bataille (f.) battle 15

bateau (m.) ship, boat 14

bâtir to build 11

bâton (m.) pole, club 8

beau, bel, belle, beaux pretty, beautiful, handsome 14

faire beau to be nice (weather)

beaucoup much, a lot, many 2

_____ **de** a lot of, many

beauté (f.) beauty 9L

bébé (m.) baby 9

beige beige 2S

berger (m.) shepherd 15

besoin (m.) need 13

avoir _____ **de** to need

bicyclette (f.) bicycle 2S, 3

bien well 6C

_____ **sûr** of course

bientôt soon 14

bifteck (m.) steak 6

bijoux (m. pl.) jewelry 12

billet (m.) ticket 10

blanc, blanche white 7

blessé, -e wounded 15

blessure (f.) wound 15

bleu, -e blue 9

blond, -e blond 1

bon, -ne good 14L

bonhomme (m.) old fellow 8

Bonhomme Carnaval winter carnival figure: man dressed as snowman

bonjour hello, good day 2C

bord (m.) edge

à _____ **de** on board, aboard 10

bouche (f.) mouth 16

bouger to move 11

boules (f. pl.) bowls (a game played in the south of France) 11L

boulevard (m.) boulevard 12L

bout (m.) end 15L

au _____ **de** at the end of

boutique (f.) shop, boutique 5

bras (m.) arm 16

brave brave 15

brèche (f.) gorge 15L

brillant, -e brilliant, shining 9

briller to shine 11

bronzé, -e tanned 11L

bruit (m.) noise 8

brûlant, -e burning 15

brun, -e brown; brown-haired 1

brunir to tan 11

Bruxelles (f.) Brussels 6L

bureau (m.) office 3S

but (m.) goal 7

ça that 3

cabine (f.) cabin 8

caché, -e hidden 14

cacher to hide 15L

cadeau (m.) gift, present 15

café (m.) café; coffee 4

calèche (f.) horsedrawn carriage 8L

camarade (m. and f.) friend, comrade 5

Cameroun (m.) Cameroon 12L

camper to camp 9

camping (m.) camp 11L

terrain de _____ camping grounds

Canada (m.) Canada 12

canadien, -ne (n. and adj.) Canadian 8L, 12

capable capable 16

capitaine (m.) captain 15

capitale (f.) capital 3L

capturer to capture 16
Caraïbes Caribbean 12L
   la mer des _____ Caribbean Sea
carnaval (m.) carnival 8
   Bonhomme Carnaval winter carnival figure: man dressed as snowman
carte (f.) map 14
Casbah (f.) Casbah 12L
casque (m.) helmet 7
cassé, -e broken 8
casser to break 15
cassure (f.) break, fracture 15
cathédrale (f.) cathedral 16
cause (f.) cause 15
ce it, this, that 1
   _____ **que** what
ce, cet, cette, ces this, that, these, those 4L, 14
ceinture (f.) belt; seatbelt 10
célébration (f.) celebration 3L
célèbre famous 4L
célébrer to celebrate 3L, 8
cellule (f.) cell 14
cent hundred 4S, 10
centre (m.) center 3L
   au _____ **de** in the middle of
c'est it is, he is, she is, this is, that is 1
chacun, -e each one, every one 8S, 11L
chambre (f.) bedroom; room 2
champ (m.) field 9L
champion, -ne (m. and f.) champion 8
chance (f.) luck 8
   avoir de la _____ to be lucky
chandail (m.) jersey, sweater 7
changer to change 14
chanter to sing 3
chaque each, every 7L
charmant, -e charming 15
château (m.) castle 11
chaud, -e hot, warm 8
   faire _____ to be warm
chef (m.) chef, chief 14
cheminée (f.) fireplace 8

cher, chère expensive 6L
chercher to look for 6L, 14
cheveux (m. pl.) hair 14
chèvre (f.) goat 16
chez at the home of 7S, 14L
chiffre (m.) number, numeral 12A
chimique chemical 12A
chocolat (m.) chocolate 6
choisir to choose 11
ciel (m.) sky 9
cinéma (m.) movie theater; movies 5
cinq five 2S
cinquante fifty 10
cinquième fifth 5
cité (f.) city; walled city 13
clair, -e clear 11
classe (f.) class 4
classique classical 9L
climat (m.) climate 9L
cloche (f.) bell 16
collection (f.) collection 6L
combat (m.) combat, battle 15
combien how much, how many 7L
commander to command, to order 2
comme like, as; since; how 4C
   _____ **nous sommes contents!** How happy we are!
   _____ **dessert** for dessert
commencer to begin 3L
comment how 1
   _____ **est le garçon?** What is the boy like?
commun, -e common, in common 6L, 12
   Marché _____ Common Market
compagnie (f.) company 2L
   _____ **aérienne, d'aviation** airline
comparatif (m.) comparative 15L
comparer to compare 4
complément (m.) complement 10
   de _____ complementary

complètement completely 4C
composé, -e composed 16
   passé _____ conversational past tense
comprendre to understand 12
comte (m.) count 14
concert (m.) concert 11
condamner to condemn; to convict 16
construit, -e built 13L
content, -e happy, glad 3L, 4
continent (m.) continent 8L, 12
continuer (à) to continue (to) 8
contraire (m.) opposite 12
contraste (m.) contrast 13
contraster to contrast 13L
contre against 14L
contrôle (m.) passport check 10L
conversation (f.) conversation 1
converser to converse 12
copain, copine (m. and f.) friend, pal 4
cor (m.) horn 15
corde (f.) rope 16
corps (m.) body 14
cosmopolite cosmopolitan 10L
côte (f.) coast 11L, 14
Côte d'Azur (f.) Riviera 11L
couleur (f.) color 7
coup (m.) hit, strike 15
   donner des coups to bang, to pound, to hit; **sonner à grands coups** to ring loudly
courage (m.) courage 15
courageux, courageuse courageous, brave 14
coureur (m.) racer 7
couronne (f.) crown 16
cours (m.) course 4L
course (f.) race 7
court, -e short 16
couscous (m.) Algerian dish made with grain, meat, vegetables, and a spicy sauce 12L

couteau (m.) knife   14
coutume (f.) custom   13
couvert, –e covered   13L
crème (f.) cream   6
cri (m.) shout, cry   16L
crier to shout, to cry out   7
crime (m.) crime   14
criminel (m.) criminal   14
croisé, –e crossed   4A
  mots croisés crossword puzzle
croque-monsieur (m.) hot ham
  and cheese sandwich   4L
cruel, –le cruel   16
cuisine (f.) kitchen; cuisine   2
cuivre (m.) copper   8S
cultiver to cultivate   8S, 9
culture (f.) culture   12
culturel, –le cultural   13
curieux, curieuse curious   16
cycliste (m. and f.) cyclist   7L

danger (m.) danger   15
  en _____ in danger
dans in   2
danser to dance   3
dater to date   13
de of; from; some; about   2L,
  3
debout (adv.) standing   15
décembre (m.) December   6
décider to decide   6S, 14
déclaratif, déclarative declarative   2
déclarer to declare   6
décoller to take off   10
découvrir to discover   11
décrire to describe   16L
déçu (past participle of **décevoir**)
  disappointed   8S
défilé (m.) parade   3
défiler to parade   8L
défini, –e definite   2
  article _____ definite article
déjeuner (m.) lunch   13
délicieux, délicieuse delicious;
  delightful   6L, 11
demain tomorrow   2S, 14L
demander to ask; to order   1
demi, –e half   4
  cinq heures et demie five-thirty

dent (f.) tooth   16
départ (m.) departure   10
département (m.) department;
  administrative division of
  France   12
depuis for, since   16L
dernier, dernière last   15
  la dernière fois the last time
derrière behind, in back of   15
des (de + les) some; from   3
descendre to go down, to descend; to bring down   9L,
  12
désert, –e deserted   11L, 14
désespéré, –e desperate, hope-
  less   14
dessein (m.) drawing   14
dessert (m.) dessert   6
dessiner to draw   6S, 9
destination (f.) destination
  10L
deux two   3
  _____ **à** _____ two by two in
  couples; **tous** _____ both
deuxième second   1
devant in front of, before   8
devient (**devenir**) becomes
  14L
deviner to guess   4S
diamant (m.) diamond   14
différent, –e different   7L
difficile difficult   4L
digne worthy   9L
dimanche (m.) Sunday   5
dîner (m.) dinner   2
dîner to have dinner   9C
dire to say   15L
direct, –e direct   14
directement directly   10L
discothèque (m.) discotheque,
  nightclub   8L
discours (m.) speech   16
  faire un _____ to make a
  speech
discuter to discuss; to debate
  4
disque (m.) record   8
divertissement (m.) entertain-
  ment   10L
dix ten

dixième tenth   10
docteur (m.) doctor   4S
dominer to dominate, to rule
  16
donc therefore   13L
donner to give   10
dormir to sleep   13
double double   8L
doute (f.) doubt   10L
  sans _____ probably
douze twelve   5S
douzième twelfth   12
dramatique dramatic   13
du (de + le) some; of the, from
  the   3S, 6
dur, –e hard   15
durer to last, to endure   16

eau (f.) water   6
école (f.) school   4
écouter to listen to   3
écrasé, –e beaten; broken   15
écrit, –e written   1
écrivain (m.) writer   9
élégant, –e elegant   8S, 14L
élève (m. and f.) pupil, student   4
élision (f.) elision   7
elle (f.) she, it, her   1
elles (f. pl.) they, them   3
embarcation (f.) boarding
  10L
emmener to bring; to take   14
employé, –e (m. and f.) em-
  ployee   7S, 10
en (prep.) in; to; by   2
  _____ **avion** by plane
en (pron.) of it, of them   9C
encore still; again   6L
endroit (m.) place, spot, site
  11L
énergie (f.) energy   8S
enfant (m. and f.) child   8L,
  11
enfin finally   14L
ennemi (m.) enemy   14
énorme enormous   9C, 16
ensemble together   15

ensuite then, next   3L

entendre to hear   12

enthousiasme (m.) enthusiasm   7L

enthousiaste (m.) enthusiast   13L

entier, entière whole, entire   8L

entre between   7

entrée (f.) admittance; entry   5L

entrer to enter   7

envoyer to send, to pass   7

épais, -se thick   14

épaule (f.) shoulder   7

épée (f.) sword   15

Épiphanie (f.) Epiphany   16

épuisé, -e exhausted   15

équipe (f.) team   7

erreur (f.) error   14

escalader to climb   7

espagnol, -e Spanish   9S

essayer to try   14

est (m.) East   9L

   sud-_____ Southeast

est-ce que (phrase indicating a question)   2   _____ **tu es français?** Are you French?

et and   1L

état (m.) state   12

Etats-Unis (m. pl.) United States   12

été (m.) summer   10L

été (past participle of **être**)   16L

   il a _____ he was

étranger, étrangère (m. and f.) stranger; foreigner   13

être to be   1

étroit, -e narrow   8L, 12

étudiant, -e (m. and f.) student   4

étudier to study   8

européen, -ne European   7L

eux (m. pl.) they, them   9

examen (m.) test, examination   4L

excellent, -e excellent   4S

exclamation (f.) exclamation   7

exercice (m.) exercise, drill   1

existence (f.) existence   13

exister to exist   13

explication (f.) explanation   14

expliquer to explain   14

explorateur (m.) explorer   11

extraordinaire extraordinary   5L

extrêmement extremely   5L, 15

fabrication (f.) manufacture, fabrication   16

fabrique (f.) factory   13

fabriquer to make, to manufacture   9

fabuleux, fabuleuse fabulous   14

façade (f.) facade, front of a building   8S, 16

face: en _____ de facing, opposite   4L

facile easy   12

faible weak   15

faim (f.) hunger   6

   avoir _____ to be hungry

faire to do; to make   7L, 16
   _____ beau to be nice (weather); **_____ chaud, froid** to be hot, cold; **_____ de la musique** to play music; **_____ du bateau** to go sailing; **_____ du camping** to go camping; **_____ du football** to play football; **_____ du français** to study French; **_____ du ski** to ski; **_____ du sport** to go in for sports; **_____ noir** to be dark; **_____ peur** to frighten; **_____ un discours** to make a speech; **_____ un sourire** to smile

famille (f.) family   2

   en _____ with the family, as a family

fantastique fantastic   7S

fatigué, -e tired   8

faussement falsely   16

faux, fausse false   11

favori, -te favorite   7L

féminin (m.) feminine   12A

femme (f.) woman   6

fermer to close   16L

festival (m.) festival, carnival   8

fête (f.) celebration   3

   jour de _____ holiday

feu (m.) fire   8

février (m.) February   6S

fier, fière proud   15

figue (f.) fig   9L

figure (f.) face   16

fille (f.) girl; daughter   1

film (m.) movie   5L

finir to finish   11

flâner to stroll   12

fleur (f.) flower   6

fleuve (m.) river   7

flûte (f.) flute   15

fois (f.) time   15L

   la dernière _____ the last time

fondue, -e melted, liquid   16L

fondue (f.) fondue (dish of melted cheese and eggs)   10L

football (m.) soccer; football   7

fort, -e strong   12L, 15

fortifié, -e fortified   13

fou (m.) madman; fool   16L

   Prince des Fous Prince of Fools

fou, folle foolish; crazy, mad, insane   8C

foule (f.) crowd   16

fracture (f.) fracture   15

franc (m.) franc   10

français, -e French   1

francophone French-speaking   12L

frappé, -e shaken, gripped   14L

frapper to knock, to hit   14

   _____ les mains to clap one's hands

fréquenter to frequent   13

frère (m.) brother   2

frites (f. pl.) French-fried pota-
toes   6
froid, -e cold   8
faire _____ to be cold
fromage (m.) cheese   6
frontière (f.) boundary   10L, 12
fruit (m.) fruit   6
furieux, furieuse furious   16

gagnant (m.) winner   7
gagner to win   7
gai, -e gay, merry   8L, 16
gaiement gaily, merrily   12L
garage (m.) garage   9S
garagiste (m.) garage owner;
mechanic   8S
garçon (m.) boy; waiter   1
garder to keep   14
gardien (m.) guard   14
gaufre (f.) waffle   6L
géant (m.) giant   15
général (m.) general   15
généreux, généreuse generous
14
gens (f. pl.) people   3
géographie (f.) geography   12
geste (m.) gesture   16
glace (f.) ice cream; ice   7L,
8
hockey sur _____ ice hockey;
la mer de Glace name of a
glacier in the Alps
glisser to slide, to glide   8
gomme (f.) eraser   8S
gorge (f.) throat   8S
gouvernement (m.) govern-
ment   8S, 14
grammatical, -e grammatical
1
grand, -e tall; big; great;
grand   1
grand-père (m.) grandfather
16
gratte-ciel (m. invar.) sky-
scraper   12
gratuit, -e free   5L
grave serious   8C
grimace (f.) grimace   16
faire des grimaces to make
faces

gris, -e gray   14
gros, -se fat; big   14
groupe (m.) group   5L
Guadeloupe (f.) Guadeloupe
12L
guerre (f.) war   8S
guerrier (m.) warrior, soldier
15
guide (m.) guide; guidebook
8S
Guinée (f.) Guinea   12L
guitare (f.) guitar   15

habitant (m.) inhabitant   13
habiter to live in   9
habitude (f.) habit   16
d' _____ usually
Haïti (m.) Haiti   12L
haïtien, -ne Haitian   12
haut, -e high   13
haut high; up   8
du _____ **en bas** from top to
bottom; **en** _____ up, on
top, above
haut-parleur (m.) loudspeaker
10L
héros (m.) hero   7L
heure (f.) hour, o'clock, time
4
Il est trois heures. It is three
o'clock. **Quelle** _____ **est-il?**
What time is it?
heureux, heureuse happy   14
histoire (f.) history; story   4L
historique historic, historical
7S
hiver (m.) winter   8
hockey (m.) hockey   7L
_____ **sur glace** ice hockey
homme (m.) man   4
honnête honest   14
horizontalement across   4A
horrible horrible   16
hôtel (m.) hotel   7S, 8
huit eight   3S
huitième eighth   8
humain, -e human   12L
humble humble   15

ici here   2C
idéal, -e ideal   9L
idée (f.) idea   13
il (m.) he, it   1
_____ **y a** there is, there are
île (f.) island   12
illuminé, -e lit up, illumi-
nated   13
illustre famous, illustrious   13
ils (m. pl.) they   3
imaginaire imaginary   12
immédiat, -e immediate   10L
immense immense   12
impératif (m.) imperative   2
impératif, impérative imperative   14
important, -e important   2L
impression (f.) impression   13
inconnu, -e unknown   15L
indiquer to indicate   12A
industrie (f.) industry   13L
industriel, -le industrial   13
infinitif (m.) infinitive   10
innocent, -e innocent   14
instant (m.) instant, moment
13
à l' _____ immediately
instrument (m.) instrument
16
intact, -e intact   15
intelligent, -e intelligent   1
intéressant, -e interesting   1
interrogatif, interrogative interrogative   7
interrogation (f.) interrogation,
questioning   3
inviter to invite   7
irrégulier, irrégulière irregular
12
isolé, -e isolated   13
italien, -ne Italian   14

jaloux, jalouse jealous   14
jamais never; ever   13
ne . . . _____ never
jambe (f.) leg   8
janvier (m.) January   6S, 16
jardin (m.) garden   2S, 5
jaune yellow   7

je I   1
jeu, -x (m.) game   4A
jeudi (m.) Thursday   7S
jeune young   3
joie (f.) joy   16
joli, -e pretty   8
jouer to play   3
    _____ **à** (games and sports); _____ **de** (musical instruments)
joueur (m.) player   7
jour (m.) day   3
    _____ **de fête** holiday; _____ **des Rois** Epiphany (January 6)
journée (f.) day; daytime   12
joyeux, joyeuse joyous, happy   8L, 16
juillet (m.) July   3
jusqu'à up to, as far as   9L

kilogramme (m.) kilogram   16

la, l' the; her, it (pl. **les**)   1
là there   14L
lac (m.) lake   10C
laid, -e ugly   16
laisser to leave; to let   6
lancer to throw   14
langue (f.) language; tongue   8S, 12
large wide, broad   7
latin, -e Latin   4L
    Quartier _____ Latin Quarter
laver to wash   15
le, l' the; it, him (pl. **les**)   1
leçon (f.) lesson   1
lecture (f.) reading   1
légende (f.) legend   15L
légume (m.) vegetable   9
les the; them   4
lettre (f.) letter   10L
leur, leurs (poss. adj.) their   13L
liaison (f.) liaison   7
liberté (f.) freedom   14
libre free   4
ligne (f.) line   7S, 9
limonade (f.) lemon soda   4

liquide liquid   16L
lit (m.) bed   10
livre (m.) book   9
livrer to release, to let go, to give up   16
loin far, distant   5S, 10L, 12
long, -ue long   14
longtemps a long time   14L
Louisiane (f.) Louisiana   12L
lourd, -e heavy   16
lui he, him, it   9
lumière (f.) light   8
lundi (m.) Monday   7S
lune (f.) moon   9
lutte (f.) fight, battle   15
lutter to fight   15
luxe (m.) luxury   11L
lycée (m.) secondary school   4

ma (f. poss. adj.) my   15
madame (f.) madam, Mrs. (pl. **mesdames**)   3
mademoiselle (f.) Miss (pl. **mesdemoiselles**)   3
magique magical   15
magnifique magnificent, beautiful   6L
mai (m.) May   2S
maigre thin, skinny   14
maillot (m.) jersey   7
main (f.) hand   2S, 7C
    frapper les mains to clap one's hands
maintenant now   2
mais but   2C
maison (f.) house   2
maître (m.) master; employer, boss   16
malade ill, sick   14
Manche (f.) the English Channel   11L
manger to eat   3L, 6
marchand, -e (m. and f.) merchant   12
marchandises (f. pl.) merchandise   12
marché (m.) market   6L
    _____ **Commun** Common Market
marcher to march, to walk   3

mardi (m.) Tuesday   2S, 4C
marin (m.) sailor   14
Maroc (m.) Morocco   12L
marquer to score   7
Martinique (f.) Martinique   12L
masculin (m.) masculine   1
match (m.) game, sports match   7
mathématiques (f. pl.) mathematics   4
matin (m.) morning   4
Maure (m. and f.) Moor   15L
méchant, -e wicked, cruel   16
Méditerranée (f.) Mediterranean   11L
    la mer _____ the Mediterranean Sea
melon (m.) melon   9L
même (n. and adj.) same   7L
même (adv.) even   7L
    quand _____ anyway, even so; _____ **si** even if
menu (m.) menu   6
mer (f.) sea   9
    la _____ **de Glace** name of a glacier in the Alps
merci thank you   3S, 6C
mercredi Wednesday   3S, 4C
mère (f.) mother   2
mériter to merit, to be worthy of   13
merveille (f.) marvel, wonder   13L
merveilleux, merveilleuse marvelous   15
mes (pl. poss. adj.) my   15
messieurs (m. pl. of **monsieur**) gentlemen   10
métal (m.) metal (pl. **métaux**)   12A
mètre (m.) meter   9S
métro (m.) subway   4
mettre to put, to place   14
meure (je) (mourir) I am dying   13L
meurent (ils) (mourir) they are dying   13L
mexicain, -e Mexican   1
milieu (m.) middle   13

au _____ de in the middle of

militaire military 3

mille thousand 15L

millionnaire (m. and f.) millionaire 11L

minute (f.) minute 8L, 16

misérable (n. and adj.) miserable, poor 14

mode (f.) style, fashion; custom 3S

modèle (m.) model 2

moderne modern 6

moi me 3

moins less 5S

mois (m.) month 5S, 11L, 14

moment (m.) moment 14L

à ce _____ at this time

mon, ma, mes (poss. adj.) my 15

monde (m.) world 3L

tout le _____ everyone, everybody

monsieur (m.) sir, Mr. 3

monstre (m.) monster 16

mont (m.) mount (in names of mountains) 15

montagne (f.) mountain 7

monter to go up, to climb, to bring up 8

montrer to show 9L

monument (m.) monument 13

mort (f.) death 15L

mort, -e dead 14L

mot (m.) word 4A

mots croisés crossword puzzle

mourir to die 13L

mouvement (m.) movement 8L

moyen, -ne middle 13L

_____ Âge Middle Ages

muet, -te silent, unvoiced, mute 16

mur (m.) wall 14

muraille (f.) wall (fortified) 13

musée (m.) museum 5

musique (f.) music 3

mystérieux, mystérieuse mysterious 14

nager to swim 11

natal, -e native 12L

nation (f.) nation 9S, 10L, 12

Nations Unies United Nations

national, -e national 3L

nautique nautical 11

ski _____ water skiing

ne no, not 2

_____ ... jamais never; **_____ ... pas** not, no; **_____ ... personne** no one, nobody; **_____ ... plus** no longer, no more; **_____ ... rien** nothing

nécessaire necessary 12

nécessité (f.) necessity 13

négatif, négative negative 14

négation (f.) negation 2

négativement in the negative 2

neige (f.) snow 2S, 8

neiger to snow 8

il neige it's snowing

n'est-ce pas (indicates a question) 6

Il va au musée, _____? He's going to the museum, isn't he?

neuvième ninth 9

neveu (m.) nephew 15

Niger (m.) Nigeria 12L

noble noble 15

Noël (m.) Christmas 16

noir, -e black; dark 8L

il fait _____ it is dark

nom (m.) name; noun 14

non no 1

nord (m.) North; northern 8L

nord-américain North American

note (f.) note 1

nous we; us 3

nouveau, nouvel, nouvelle, nouveaux new 12L, 15

Nouvelle Angleterre New England

nuit (f.) night 8L, 14

la _____ at night

numéro (m.) number 10

obéir (à) to obey 16

observation (f.) observation 9S

océan (m.) ocean 10L

octobre (m.) October 3

œuvre (f.) work 13

offrir to offer 11

onze eleven 7

opéra (m.) opera 9L

or (m.) gold 14

oral, -e oral 1

ordre (m.) order, command 16

oreille (f.) ear 16

Orient (f.) Orient 12L

ou or 1

où where 2

oublier to forget 8

ouest (m.) West 11L

oui yes 1

ouvrir to open 11

s'ouvrir to open 15L

page (f.) page 14

palais (m.) palace 13L

_____ des Papes papal palace in Avignon

palmier (m.) palm tree 12

pape (m.) pope 13L

Palais des Papes papal palace in Avignon

papier (m.) paper 15

par by, per; through; with 10

parce que because 12

pardon (m.) traditional religious procession in Brittany 13L

parfum (m.) perfume 9

Parisien, -ne Parisian 3L

parler to speak 2

partie (f.) part 14

partir to leave 13

partout everywhere 6L

pas: _____ de no; **ne ... _____** no, not 4

passager (m.) passenger 10

passé (m.) past 13

_____ composé conversational past tense

passeport (m.) passport 10

passer to spend (time); to pass 9L, 10

passionnant, -e exciting, thrilling 7L

passionner to interest deeply, to excite 7L

patiner to skate 8

pâtisserie (f.) pastry 6

pauvre poor 14

payer to pay for 2S, 6

pays (m.) land, country 9L, 12

paysage (m.) landscape; countryside 9

pêche (f.) peach 9L

peintre (m.) painter, artist 9

peinture (f.) painting 5

pénalité (f.) penalty 7

pendant during 13L

_____ **que** while

penser to think 14L

pension (f.) boarding house 11L

perché, -e perched 9

perçu (past participle of **percevoir**) perceived, gathered 8S

père (m.) father 2

permettre to permit, to allow 14

permission (f.) permission 14

personne no one, nobody 13

ne . . . _____ no one, nobody, not anyone

personne (f.) person 1

petit, -e short; small 1

peuple (m.) people 16

peur (f.) fear 16

avoir _____ to be afraid; **faire _____** to frighten

peut-être perhaps, maybe 14L

photo (f.) photograph 11

phrase (f.) sentence 2

piano (m.) piano 16

faire du _____ to play the piano

pièce (f.) play 13

pied (m.) foot 5

à _____ on foot; **au _____ de** at the foot of

pierre (f.) stone 14

piste (f.) ski slope 13L

pittoresque picturesque 6L, 9

place (f.) square; place; room 3

placer to place, to put 14

plage (f.) beach 9

plaine (f.) plain 7L, 15

plat (m.) dish 6L

plein, -e full 14L, 15

pleurer to cry, to weep 15

plomb (m.) lead 16L

pluriel (m.) plural 2

plus 13 **ne . . . _____** no longer; no more

plus more 10L, 15

_____ **brave que** braver than; **le (la, les) _____** the most; _____ **tard** later; _____ **tôt** earlier

poisson (m.) fish 9

police (f.) police 5

agent de _____ policeman

politesse (f.) courtesy, politeness 3

pollution (f.) pollution 8L

pont (m.) bridge 13

populaire popular 5L

porte (f.) door; gate (airport) 10

porter to carry 16

portion (f.) portion 9S

possession (f.) possession 16

pot (m.) pitcher, pot 6

pour for, in order to 3C

pourboire (m.) tip 6

pourquoi why 3L

_____ **pas?** why not?

pousser to push 14

pouvoir to be able to 10

précéder to precede 15

précieux, précieuse precious 12A, 14

premier, première first 1

prendre to take 12

préparation (f.) preparation 9S

préparer to prepare 2

près de near 9

présent (m.) present 13

présenter to present 13L

président (m.) president 14

prêt, -e ready 4S

prince (m.) prince 16

_____ **des Fous** Prince of Fools

prison (f.) prison 14

prisonnier (m.) prisoner 14

prix (m.) price 10

problème (m.) problem 11

produit (m.) product 12

professeur (m.) teacher 2

profond, -e deep 14

programme (m.) program 2C

promenade (f.) walk 6L

_____ **des Anglais** name of a street in Nice

promettre to promise 14

pronom (m.) pronoun 14

prononciation (f.) pronunciation 9S

protection (f.) protection 15

protéger to protect 15

provençal, -e of or from Provence 9L

public (m.) public, people 8

publié, -e published 12

puis then 15

pur, -e pure 8L, 16

quand when 8L

_____ **même** anyway, even so

quartier (m.) neighborhood 3L

Quartier latin Latin Quarter

quatorze fourteen 3

le _____ juillet July 14th

quatorzième fourteenth 14

quatre four 5L

quatrième fourth 4

que, qu' what, that, than 2

Est-ce _____ tu étudies? Are you studying?

parce _____ because; **plus . . . _____** more . . . than;

qu'est-ce _____ what

Québecois, -e inhabitant of Quebec 8L

quel, quelle, quels, quelles which, what 3

_____ **âge a-t-elle?** How old is she? _____ **skieur!** What a skier!

quelque, –s some   13

_____ **chose** something

quelquefois sometimes   13

quelques a few   8L

qu'est-ce que what   2

qu'est-ce qui what   3L

question (f.) question   1

qui who, which   1

_____ **est-ce?** Who is it?

_____ **est-ce que?** whom?

quinze fifteen   10L

quinzième fifteenth   15

quitter to leave   4

quoi what   3

raconter to tell, to relate   13

radio (f.) radio   7

rage (f.) rage, anger   15

raisin (m.) grape   9L

raison (f.) reason   9C

avoir _____ to be right

rare rare   14

rat (m.) rat   14

ravi, –e delighted, overjoyed   10L

reçu (past participle of **recevoir**) received   8S

réel, –le real   13

regarder to look at, to watch   2

région (f.) region, area   8S

rencontrer to meet   14L

rentrer to go back, to return   5L

réparer to repair   6

repas (m.) meal   6

répéter to repeat   1

répondre to answer   12

réponse (f.) response, answer   11S

reprendre to retake, to take again   12L

république (f.) republic   12

réservé, –e reserved   10

résidence (f.) residence   12

résider to dwell, to reside   13

ressembler to resemble, to look like   12

restaurant (m.) restaurant   6

rester to stay, to remain   9S, 10

résumé (m.) summary   1

retourner to return   3L, 15

retracer to retrace   12

revoir: au _____ good-bye   2C

riche rich   8L, 14

ridicule ridiculous   8S

rien nothing   13

ne . . . _____ nothing

rire to laugh   16

_____ **de** to laugh at

rival, –e, rival   7

rivière (f.) river, stream   9

robe (f.) dress   3S, 16

rocher (m.) rock   14

roi (m.) king   6L, 14

Jour des Rois Epiphany (January 6)

romain, –e Roman   12A

rosbif (m.) roast beef   12

rouge red   7

rougir to blush; to turn red; to get sunburned   11

rue (f.) street   4

ruiné, –e ruined   14

ruiner to ruin   14

russe Russian   12

sa (f. poss. adj.) his, her, its   10L, 15

sable (m.) sand   11

sac (m.) sack, bag   14

saisir to seize   16

saison (f.) season   8

salade (f.) salad   6

sale dirty   14

salle (f.) room   10

_____ **de bains** bathroom

salon (m.) living room   2

samedi (m.) Saturday   2S

sandwich (m.) sandwich   2C

sans without   10L, 14

_____ **doute** probably

sauce (f.) sauce   13

sauter to jump   7

sauvage wild, savage   16

sauvé, –e saved   14L

sauver to save   16L

Savoie (f.) Savoy   13L

scène (f.) scene   9L

science (f.) science   7

science-fiction (f.) science fiction   5L

se (reflexive pron.) himself, herself, itself   8

secondaire secondary   4L

secret (m.) secret   14

secret, secrète secret   16

seize sixteen   2S

seizième sixteenth   16

semaine (f.) week   10

Sénégal (m.) Senegal   12L

séparé, –e separate, apart, separated   15

séparer to separate   15

sept seven   5L

septembre (m.) September

septième seventh   7

servir to serve   13

ses (pl. poss. adj.) his, her, its   15

seul, –e only, alone   12L, 14

si yes (in response to a negative question or statement)   9

si if; so   1

même _____ even if   7L

siècle (m.) century   13

siège (m.) seat; headquarters   6L

s'il vous plaît please   6C

simplement simply   11L

sincère sincere   14

singulier (m.) singular   1

situé, –e situated   8L

six six

sixième sixth

ski (m.) skiing   7; ski   8

_____ **nautique** water skiing

skier to ski   8

skieur (m.) skier   8

sœur (f.) sister   2

soir (m.) evening   3

le _____ in the evening

soldat (m.) soldier 3

soleil (m.) sun 9

solide solid, hard 15

solution (f.) solution 11

sombre sombre 14L

sommet (m.) summit, top 13

son (m.) sound 2S

son, sa, ses (poss. adj.) his, her, its 3L, 15

sonner to ring; to resound 2L, 15

   faire _____ to ring

sonneur (m.) bell ringer 16

sorcellerie (f.) witchcraft, sorcery 16

sorte (f.) kind, sort 12L

   toutes _____s all kinds

sortir to go out, to leave 13

souffler to blow 15

souffrir to suffer 11

soupe (f.) soup 5S, 6

sourd, -e deaf 16

sourire (m.) smile 16L

   faire un _____ to smile

sous under 14

souvenir (m.) souvenir; memory 13

souvent often 5L, 13

spectacle (m.) show 13

splendeur (f.) splendor 13

splendide magnificent, gorgeous 8L, 14

sport (m.) sport 7

sportif, sportive athletic; sports-loving 11L

stade (m.) stadium 7

station (f.) resort 8

statue (f.) statue 5

structure (f.) structure; grammar 1

sud (m.) South 9S, 11L

sud-est (m.) Southeast 9L

Suisse (f.) Switzerland 10L

suisse Swiss 10L

suivant, -e following 12

superlatif (m.) superlative 15

sur on; about 3L

sûr, -e sure, certain 7L

   bien _____ of course

surprise (f.) surprise 14

survoler to fly over 12

symbole (m.) symbol 2

ta (f. poss. adj.) your 15

table (f.) table 4

   à _____ (seated) at the table

talent (m.) talent 9

tambourin (m.) tambourine 16

tant so much, that much 10

tapis (m.) carpet 12

tard late 10L, 15

   plus _____ later; **trop** _____ too late

tarte (f.) tart 6

taxi (m.) taxi 10

Tchad (m.) Chad 12L

téléphone (m.) telephone 2

télévision (f.) television 2

témoin (m.) witness 13L

temps (m.) time 16L

   au _____ **de** at the time of

tendre tender 14

tennis (m.) tennis 11

terminer to finish

   _se_ **terminer (par)** to end (in) 8

terminé par ending in 1

terrain (m.) grounds; field 11L

   _____ **de camping** camp grounds

terre (f.) ground, land; earth 15

terreur (f.) terror 14

terrible terrible 9S, 14

tes (pl. poss. adj.) your 15

tête (f.) head 4S, 7

   à la _____ **de** at the head of

thé (m.) tea 9S

théâtre (m.) theater 9S, 13

tiens! look! well! 8C

tirer to pull, to drag 14

toi you 9

tomber to fall 8

ton, ta, tes (poss. adj.) your 15

tonne (f.) ton 16

tonnerre (m.) thunder 16

torche (f.) torch 8L

torturer to torture 16

tôt early 14L, 15 **plus** _____ earlier

toucher to touch 7C, 14

toujours always; still 13

tour (m.) circuit, turn 7L

   _____ **de France** annual bicycle race around France

tour (f.) tower 16

touriste (m. and f.) tourist 12

touristique tourist 13L

tous (pron.) all, everyone 12L

tout (pron.) everything, all 16L

tout, toute, tous, toutes (adj.) all, every, each; very 3L, 14

   tous deux both; **tous les dimanches** every Sunday; **tout de suite** right away, immediately; **tout le monde** everyone

tradition (f.) tradition 13

train (m.) train 13

traîneau (m.) sleigh 8

trait (m.) trait; feature 12

transformer to change, to transform 2

travail (m.) work 8L

travailler to work 2

traverser to cross 4

treize thirteen 3C

treizième thirteenth 13

trembler to tremble 15

trente thirty 10

très very 4

trésor (m.) treasure 14

triomphe (f.) triumph 16

trois three 16L

troisième third 1

trompette (f.) trumpet 3S

trop too 9S, 14L

tropical, -e tropical 12

trou (m.) hole 14

trouver to find 14

truite (f.) trout 9

tu you 1

Tunisie (f.) Tunisia 12L
tunnel (m.) tunnel 14
type (m.) guy, fellow; type 7C

un, une a; one 1
un, une (m. and f.) one 16
　les uns . . . les autres some . . . the others
uni, –e united 10L
　États-Unis United States; **Nations Unies** United Nations
université (f.) university 7
usine (f.) factory 9
ustensile (m.) utensil 6L

vacances (f. pl.) vacation 9L
vague (f.) wave 11
vain: en _____ in vain 14L
valise (f.) suitcase 10
vallée (f.) valley 9L, 15
valoir to be worth; to be as good as 10L
　il vaut mieux it's better
vaut (valoir) il _____ **mieux** it's better 10L

vendre to sell 12
vendredi (m.) Friday 4
vengé, –e avenged 14L
verbe (m.) verb 1S
vers toward; to 12L
vert, –e green 3S, 7
verticalement down 4A
victime (f.) victim 16L
victorieux, victorieuse victorious 15
vide empty 14
vie (f.) life 13
vieille (f. adj.) old 7S, 13L, 14
viendrai (venir) I will come 15L
vieux, vieil, vieille old 14
village (m.) village 7L, 9
ville (f.) city 2L
vingt twenty 2S, 10
visiter to visit 5L
vite quickly, fast 8
Vive! Long live! 16L
vocabulaire (m.) vocabulary 1
voici here is, here are 6
voilà there is, there are 2
voir to see 16L
voisin, –e (m. and f.) neighbor 12

voiture (f.) car, vehicle 5
vol (m.) flight 10L
vouloir to want 10
vous you (formal or plural) 3
voyage (m.) trip, voyage 5S, 10
voyager to travel 10
voyageur (m.) traveler 10
voyelle (f.) vowel 7
vrai, –e true, real 10L
vraiment truly, really 8L
vue (f.) view 8

week-end (m.) weekend 4C

y there 5
　il _____ **a** there is, there are; **allons-**_____! let's go!
yacht (m.) yacht 11L
yeux (m. pl.; sing. **œil**) eyes 11

zéro zero 12A
zut! darn! (used to express anger, scorn, disappointment) 11C

Verbs

REGULAR VERBS

	parler _to speak_	**finir** _to finish_	**répondre** _to answer_
Imperative	parle	finis	réponds
	parlons	finissons	répondons
	parlez	finissez	répondez
Present	je parle	je finis	je réponds
	tu parles	tu finis	tu réponds
	il parle	il finit	il répond
	nous parlons	nous finissons	nous répondons
	vous parlez	vous finissez	vous répondez
	ils parlent	ils finissent	ils répondent

VERBS WITH SPELLING CHANGES

	commencer	**manger**
Imperative	commence	mange
	commençons	mangeons
	commencez	mangez
Present	je commence	je mange
	tu commences	tu manges
	il commence	il mange
	nous commençons	nous mangeons
	vous commencez	vous mangez
	ils commencent	ils mangent
Passé Composé	j'ai commencé	j'ai mangé
	tu as commencé	tu as mangé
	il a commencé	il a mangé
	nous avons commencé	nous avons mangé
	vous avez commencé	vous avez mangé
	ils ont commencé	ils ont mangé

IRREGULAR VERBS

	aller *to go*	**avoir** *to have*	**être** *to be*	**faire** *to do*
Imperative	va	aie	sois	fais
	allons	ayons	soyons	faisons
	allez	ayez	soyez	faites
Present	je vais	j'ai	je suis	je fais
	tu vas	tu as	tu es	tu fais
	il va	il a	il est	il fait
	nous allons	nous avons	nous sommes	nous faisons
	vous allez	vous avez	vous êtes	vous faites
	ils vont	ils ont	ils sont	ils font

	mettre[1] *to put*	**ouvrir**[2] *to open*	**partir**[3] *to leave*
Imperative	mets	ouvre	pars
	mettons	ouvrons	partons
	mettez	ouvrez	partez

[1] *Permettre* and *promettre* are conjugated similarly.
[2] *Découvrir, offrir,* and *souffrir* are conjugated similarly.
[3] *Sortir, servir,* and *dormir* are conjugated similarly.

	mettre *to put*	**ouvrir** *to open*	**partir** *to leave*	**pouvoir** *to be able*
Present	je mets	j'ouvre	je pars	je peux
	tu mets	tu ouvres	tu pars	tu peux
	il met	il ouvre	il part	il peut
	nous mettons	nous ouvrons	nous partons	nous pouvons
	vous mettez	vous ouvrez	vous partez	vous pouvez
	ils mettent	ils ouvrent	ils partent	ils peuvent

	prendre[4] *to take*	**vouloir** *to want*
Imperative	prends	
	prenons	
	prenez	
Present	je prends	je veux
	tu prends	tu veux
	il prend	il veut
	nous prenons	nous voulons
	vous prenez	vous voulez
	ils prennent	ils veulent

[4] *Apprendre* and *comprendre* are conjugated similarly.

Time

HOURS

12:00	Il est midi.
noon	
1:00	Il est une heure.
2:00	Il est deux heures.
3:00	Il est trois heures.
4:00	Il est quatre heures.
5:00	Il est cinq heures.
6:00	Il est six heures.
7:00	Il est sept heures.
8:00	Il est huit heures.
9:00	Il est neuf heures.
10:00	Il est dix heures.
11:00	Il est onze heures.
12:00	Il est minuit.
midnight	

3:15	Il est trois heures et quart.
2:45	Il est trois heures moins le quart.
11:45	Il est midi moins le quart.
a.m.	
11:45	Il est minuit moins le quart.
p.m.	
4:30	Il est quatre heures et demie.
2:10	Il est deux heures dix.
1:50	Il est deux heures moins dix.
12:25	Il est midi vingt-cinq.
p.m.	
12:50	Il est une heure moins dix.
12:30	Il est midi et demi.
p.m.	
12:30	Il est minuit et demi.
a.m.	

DAYS	MONTHS	
lundi	janvier	juillet
mardi	février	août
mercredi	mars	septembre
jeudi	avril	octobre
vendredi	mai	novembre
samedi	juin	décembre
dimanche		

Numbers

1	un	29	vingt-neuf	100	cent
2	deux	30	trente	101	cent un
3	trois	31	trente et un	102	cent deux
4	quatre	32	trente-deux	199	cent quatre-vingt-dix-neuf
5	cinq	33	trente-trois	200	deux cents
6	six	34	trente-quatre	201	deux cent un
7	sept	35	trente-cinq	220	deux cent vingt
8	huit	36	trente-six	300	trois cents
9	neuf	37	trente-sept	400	quatre cents
10	dix	38	trente-huit	500	cinq cents
11	onze	39	trente-neuf	600	six cents
12	douze	40	quarante	700	sept cents
13	treize	50	cinquante	800	huit cents
14	quatorze	60	soixante	900	neuf cents
15	quinze	70	soixante-dix	1000	mille
16	seize	71	soixante et onze	1001	mille un
17	dix-sept	72	soixante-douze	1100	mille cent, onze cents
18	dix-huit	73	soixante-treize	1200	douze cents
19	dix-neuf	74	soixante-quatorze	1900	dix-neuf cents
20	vingt	75	soixante-quinze	1965	dix-neuf cent soixante-cinq
21	vingt et un	76	soixante-seize	2000	deux mille
22	vingt-deux	77	soixante-dix-sept	10.000	dix mille
23	vingt-trois	78	soixante-dix-huit	40.139	quarante mille cent trente-neuf
24	vingt-quatre	79	soixante-dix-neuf	100.000	cent mille
25	vingt-cinq	80	quatre-vingts	150.000	cent cinquante mille
26	vingt-six	81	quatre-vingt-un	1.000.000	un million
27	vingt-sept	90	quatre-vingt-dix	50.000.000	cinquante millions
28	vingt-huit	91	quatre-vingt-onze		

4 5 6 7 8 9 10   VHVH   84 83 82 81 80 79 78